WILLIAMS-SONOMA

SAN FRANCISCO

RECETAS AUTÉNTICAS EN HOMENAJE A LA COCINA DEL MUNDO

Recetas y Texto

JANET FLETCHER

Fotografías

JEAN-BLAISE HALL

Editor General

CHUCK WILLIAMS

Traducción

LAURA CORDERA L.
CONCEPCIÓN O. DE JOURDAIN

MÉXICO

CONTENTS

RECETAS

INTRODUCCIÓN

¿En dónde se puede encontrar auténtica comida de San Francisco? ¿En las taquerías de la Misión? ¿En las tiendas de tallarines de Chinatown? ¿En los finos restaurantes de SoMa? La gente de San Francisco, que es curiosa y abierta, es heredera espiritual de los empresarios inmigrantes y de los mineros de hace 150 años.

HISTORIA CULINARIA

Dos años antes de que se descubriera el oro en California en 1849, San Francisco tenía menos de quinientos habitantes. Para 1850 tenía treinta mil, muchos de los cuales eran hombres solteros. Fue entonces cuando se empezaron a abrir cantinas, pensiones y restaurantes, entre los cuales está Tadich Grill, inaugurado en 1849 bajo otro nombre y que todavía sigue operando. En menos de veinte años, San Francisco se convirtió en una ciudad amante de la comida. Alejandro Dumas, el cronista gastronómico francés, escribió en 1873 que esta ciudad ocupaba el segundo lugar, después de Paris, en la cantidad de restaurantes y expresó su asombro ante la diversidad étnica de éstos. Además de sus restaurantes franceses, tales como el Poodle Dog, el San Francisco de los 1880's podía presumir de establecimientos que eran administrados por alemanes, croatas, italianos y chinos.

San Francisco presume de varios restaurantes que han sobrepasado la marca del siglo: Old Clam House (1861), Jack's (1864; conocido actualmente como Jeanty at Jack's), Sam's Grill (1867), Fior d'Italia (1886), Schroeder's Café (1893) y Tadich. El periodo entre las dos guerras mundiales vio el nacimiento de muchos restaurantes italianos en

North Beach, tales como Amelio's y Vanessi's, New Joe's en Broadway originalmente una guarida con un salón ilícito de juego de naipes en su parte trasera, que se hizo famoso por sus hamburguesas con cebolla en pan de levadura. Los tres lugares han desaparecido pero fueron establecimientos que perduraron y ayudaron a establecer la reputación que tiene el vecindario como una pequeña Italia en la costa oeste.

Ernie's, el restaurante más elegante en San Francisco durante varias décadas, también data de los años 30's. Así también Trader Vic's, un lugar con tema polinesio abierto en Oakland en 1936 por el viajero de los mares del sur, Trader Vic Bergeron. Este astuto restaurantero que introdujo el *mai tai* y otras bebidas polinesias que eran adornadas con sombrillas de papel, tenía tantos clientes de San Francisco que abrió otro Trader Vic's en la ciudad en 1951. Por muchos años, el Captain's Cabin en Trader Vic's era el salón de cena privado de la sociedad de San Francisco. Ambos restaurantes, Ernie's y Trader Vic's cerraron en los 90's, víctimas de los cambios en los gustos de los habitantes de la zona.

René Verdon, el chef de la Casa Blanca para John y Jacqueline Kennedy, se mudó a San Francisco después de la muerte del presidente y abrió el restaurante Le Trianon e introdujo la moda de la comida francesa. Le Trianon, La Bourgogne, Ernie's y Fleur de Lys, todos establecimientos de lujo, fueron el compendio de la más fina comida en San Francisco en los 70's.

Al otro lado del espectro en comida estánlos restaurantes familiares vascos en Broadway que deleitaban a la gente con menos presupuesto con su variedad de platillos abundantes que se disfrutaban en mesas comunales. Varios de estos negocios han sido hosterías y pensiones para muchos pastores vascos que en algún tiempo trabajaron en ranchos de California y Nevada, pero a medida que esa población disminuía, los hoteles cambiaron su curso y abrieron sus restaurantes a la gente de la localidad. Las comidas siempre iniciaban con una cacerola de sopa para satisfacer a los comensales antes del plato principal.

En 1971 una joven norteamericana introdujo al Área de la Bahía una opción de la cocina francesa. En Chez Panisse, el revolucionario

restaurante en Berkeley de Alice Waters, la simplicidad y el sabor han triunfado sobre la pompa y ceremonia. La obsesión de Waters por tener buenos ingredientes y sazón permanecen como el sello distintivo de la cocina del Área de la Bahía hasta nuestros días, en parte por que muchos de los empleados que trabajaron con ella se han llevado con ellos estas ideas a otros restaurantes.

Los 80's vieron la afluencia de los asiáticos del sudeste al Área de la Bahía y su correspondiente expansión de interés por los sabores y técnicas culinarias de Vietnam, Tailandia, Cambodia, Laos y Mianmar. Modestos restaurantes que destacan en estas cocinas empezaron a surgir en muchos vecindarios, especialmente en los distritos de un alto nivel económico como son Richmond y Sunset y la gente de San Francisco pronto los acogió. A finales de los 80's, los ingredientes asiáticos, desde la raíz de galangal hasta el tamarindo, empezaron a aparecer en los menús de algunos restaurantes no asiáticos, haciendo una fusión de ingredientes.

A finales del siglo XX, el Área de la Bahía de San Francisco, contaba con una población creciente de hispanos. Mexicanos, salvadoreños, nicaragüenses e inmigrantes peruanos enriquecieron la escena culinaria del norte de California con nuevos mercados y restaurantes, alentando a los residentes del Área de la Bahía a mezclar más ingredientes y sabores dentro de una cocina local siempre evolucionada y a menudo creativa.

COCINA CONTEMPORÁNEA

Ninguna otra ciudad norteamericana puede rivalizar con la reputación de San Francisco como un lugar en donde toman en serio su comida. Sus residentes pueden esperar en línea durante treinta minutos para obtener su pan favorito, manejar hasta el otro lado de la ciudad para comprar los mejores granos de café y estirar su presupuesto para comprar carne de res y aves orgánicas.

La escena contemporánea del Área de la Bahía ha influenciado tanto a todo el país que es difícil saber qué es lo original de ella. La región es muy observada e imitada, por lo que no se queda con nada para sí misma. Pero a pesar de que los chefs alrededor del país han adoptado muchas creencias culinarias del norte de California como la frescura, sazón y sencillez entre otras, uno podría argumentar que los cocineros del Área de la Bahía son los practicantes más apasionados. Se ha extendido una alianza culinaria basada en la compra de productos frescos pero la bahía sigue siendo la iglesia madre como lo muestran la riqueza de los mercados de granjeros locales y otros distribuidores especializados.

Cocina de California

Los principios asociados con la cocina californiana se unen en el Área de la Bahía, y a pesar de que a muchos chefs les disgusta esta frase tan usada, ésta sugiere un estilo distintivo de cocinar que caracteriza a sus cocinas. Entre las cosas que distinguen a la cocina californiana se mencionan:

Productos de estación. Los menús cambian frecuentemente, inclusive a diario, para reflejar que los productos y los pescados son frescos. Los chefs muestran los productos durante las diferen-tes estaciones: espárragos en primavera, salmón silvestre en verano, naranjas sangría en invierno y posteriormente los retiran del menú para no traer mariscos o verduras de lejos.

Apreciación por las verduras. Los vegetales frescos reciben el tratamiento estrella en muchos platillos principales del Área de la Bahía. En los restaurantes contemporáneos como el Boulevard en San Francisco las preparaciones creativas de verduras dan vida a los platillos principales y muchos comensales eligen su centro de mesa o platillo principal basados en las atractivas guarniciones. Algunos chefs destacan las guarniciones poniéndolas en una categoría aparte y no se oponen si los comensales hacen de ellas su platillo principal.

Una aventura amorosa con la parrilla. El aroma del carbón ha dado vida a la cocina del Área de la Bahía desde principios de los 80's con el debut de Hayes Street Grill en San Francisco y Fourth Street Grill en Berkeley, éste último ya desaparecido. Hoy en día, una parilla al carbón es el equipo standard de un restaurante y los comensales esperan que sus hamburguesas, carnes, pescado y pollo sean preparados al carbón y no con gas. La preferencia del Área de la Bahía por los alimentos hechos al carbón se extiende también al horneado. En algunos restaurantes de la Bahía, los hornos de leña preparan pizza y calzone. Algunos de los

panes locales más admirados, incluyendo los más caros que preparan en Della Fattoria, vienen de los hornos de leña.

Un espíritu mediterráneo. Los platillos inspirados o que vienen de provincias italianas y españolas dominan muchos de los menús de la Bahía, de tal forma que los comensales algunas veces olvidan que estas preparaciones son importadas del extranjero. El alioli, la polenta, la focaccia y el crostini han sido incluidos en el vocabulario local y casi todas las personas que frecuentan los restaurantes saben como pronunciar pancetta, radicchio y *bruschetta*.

Una pasión por la calidad. Los mejores chefs de la Bahía comparten la creencia de que una buena cocina depende de su materia prima. Hacen todo lo posible para asegurarse de que los productos como los huevos, carne y pollos vengan directamente de los productores y examinan minuciosamente todo, desde el aceite de oliva hasta la sal. Mucha gente que cocina en casa se guía por los consejos de los chefs, discriminando de la misma manera y están dispuestos a pagar más por la pasta, queso o pan artesanales.

Algunas tiendas especializadas y mercados le dan servicio a esta demandante clientela, y su popularidad subraya la filosofía de la Bahía de que los buenos ingredientes son muy importantes.

Un gusto por la sencillez. En otras partes del mundo, la gente que sale a comer prefiere una comida bellamente adornada, presentaciones sofisticadas o guarniciones muy elaboradas, pero los chefs y los comensales de la Bahía tienen gustos más sencillos. El sabor de los platillos es más importante que la forma de los restaurantes locales y los clientes no son seducidos por la comida que se ve mejor de lo que sabe. Las salsas complicadas han sido sustituidas en las cocinas de la Bahía por técnicas como el sellado y asado a fuego lento, resaltando los sabores esenciales. Un pollo rostizado y frotado con hierbas o un filete fresco de halibut a la parrilla salpicado con vinagreta de limón Meyer atrae más a los gustos locales que los platillos sofisticados y llamativos.

Una despensa internacional. Los chefs de la Bahía se han inspirado en docenas de culturas y disfrutan utilizando ingredientes tradicionales en formas poco comunes. Para muchos, el mundo es

su despensa. Una salsa de pescado vietnamita realza su ensalada César o su carne a la tártara. El vinagre balsámico le da mayor sabor a su salsa barbecue. La pasta de curry Tai y la leche de coco cubren un salmón rey local y el wasabe le da vida a la ensalada de col. Aunque algunos chefs prefieren mantener la cocina mediterránea, otros abren sus cocinas a cualquier ingrediente inmigrante, desde el lemongrass y las hojas de lima de kaffir del sudeste de Asia hasta el chorizo mexicano y los chiles peruanos.

Una preocupación por lo orgánico. La reputación de la Bahía por su interés por el medio ambiente y sus políticas izquierdistas se extiende a su comida. Muchos chefs y consumidores buscan productos orgánicos, evitan pescados contaminados y solamente compran carne y aves de proveedores que practican el manejo de animales de forma humanitaria. Aunque muchos de estos compradores representan una minoría, han tenido un gran impacto en las tiendas de alimentos. Muchos supermercados de la Bahía tienen suficiente espacio para los productos orgánicos y venden puerco criado de manera natural y pollo orgánico. Unos

cuantos mercados, así como algunos restaurantes locales, ofrecen carne de res orgánica.

Influencia Vegetariana

Los vegetarianos y los que casi lo son en la Bahía moldean los menús de los restaurantes locales y tiendas de alimentos. La mayoría de los restaurantes ofrecen al menos un platillo principal sin carne y con gusto complacen a aquellos que evitan la carne.

En muchas ocasiones, los parroquianos vanguardistas de la Bahía han popularizado uno de los movimientos culinarios más modernos: el arte de no cocinar. Muchos creen que el comer los alimentos crudos es más saludable que el cocinarlos, y esto ha creado muchos seguidores en el Área de la Bahía y el aclamado restaurante Roxanne's en Larkspur es un devoto de esta filosofía.

Comiendo en Casa

Cuando se come en casa, los residentes de la Bahía tienen gustos multiculturales gracias a la comida étnica diversificada que encuentran en los restaurantes. En los supermercados de la Bahía, con su vasta selección de comidas preparadas, se

ofrecen algunas claves de lo que comen los locales. Aquellos que no se quieren arriesgar llevan a casa pollo rostizado y verduras asadas para cenar. Otros, llenan su carrito del supermercado con fideos de ajonjolí, sushi, tamales vegetarianos o *pad thai* (fideos tai fritos). Y, por supuesto, algunas personas todavía cocinan en casa. En los enormes mercados llamados 99 Ranch (en Richmond, Daly City y otros lugares), que surten prácticamente todo lo necesario para la cocina asiática, los compradores llegan a formar varias filas tras los mostradores de mariscos y carnes, para comprar pescado entero, camarón, cangrejos vivos y pollos frescos con las patas atadas.

Gracias al clima templado del Área de la Bahía, el cocinar a la intemperie es un deporte que se practica durante todo el año. Los cocineros en algún otro lugar se contentarían con asar hamburguesas, carne y pollo, pero los chefs amateurs de la Bahía creen que prácticamente cualquier alimento se puede cocer a fuego vivo. Estos osados cocineros asan espárragos, radicchio, zanahorias, alcachofas e higos. No utilizan su horno tan a menudo, pero sus parrillas nunca descansan.

COMIENDO FUERA

En San Francisco, las inauguraciones y clausuras de restaurantes, así como las idas y venidas de célebres chefs llenan las columnas de chismes del periódico, y el crítico de alimentos más importante de la ciudad es tan importante como el periodista que escribe sobre los temas del alcalde. Los residentes consideran que comer fuera es una competencia deportiva y las conversaciones de oficina del lunes por la mañana se centran en platicar sobre los lugares en donde comieron el fin de semana.

Con más de 3,300 restaurantes, San Francisco ofrece suficientes posibilidades para cenar y mantener en movimiento a los entusiastas parroquianos locales. Y aunque sería difícil de demostrar, la gente de San Francisco ciertamente cree que ellos tienen el inventario de restaurantes del país con mayor diversidad étnica. Los aficionados de comida del Área de la Bahía pueden iniciar el día con un *pain au chocolat* en Tartine, tomar el lunch de pie en un camión de tacos sobre el Boulevard Internacional de Oakland y pasar la tarde en Aziza, cenando un banquete refinado en un moderno restaurante marroquí.

¿Le gustaría comer *kalb* (costillitas) coreanas o *fatuos* libanés (ensalada de pan)? San Francisco puede satisfacer cualquier antojo. La ciudad parece tener un representante de cualquier parte del mundo que uno pueda imaginar, desde tiendas de donas al estilo de antaño hasta cafés italianos de categoría; desde un *jook* chino (sopa de arroz) en Chinatown hasta los elegantes de Harbor Village, estilo Hong Kong; desde los modestos establecimientos de Cambodia y Mianmar en los vecindarios de Richmond y Sunset hasta los restaurantes de manteles blancos del centro.

Sellos de Distinción de la Mesa de la Bahía

Las cadenas de restaurantes nacionales fracasan en San Francisco porque los lugareños evitan lo prede-cible. Como aventureros culinarios, a la mayoría de ellos les gusta experimentar con la comida. Para los entusiastas del Área de la Bahía, cada comida es un descubrimiento potencial. Sin embargo, actualmente, los lugareños tienen los mismos problemas de tiempo

que en otros lugares de Estados Unidos, por lo que el desayuno típico de la Bahía es "para llevar". Para los que tienen que viajar grandes distancias, como muchos en el norte de California, su desayuno puede consistir de un licuado (smoothie) que compran en un bar de jugos o un latte y un panqué que adquieren en un café cercano, esto puede ser lo único que ingieran hasta la hora de la comida.

Los alimentos de medio día en el Área de la Bahía pueden tener cierta inclinación hacia lo étnico, en el momento en que la gente sale de su trabajo y va a los restaurantes de comida rápida para comer camarones o langostinos al curry verde estilo tai, tacos de carnitas, fideos soba estilo japonés o un *panini* italiano (sándwich). Incluso en los edificios de las grandes corporaciones en Silicon Valley, en donde los trabajadores pocas veces salen a comer, los cafés internos ofrecen una gran variedad de comida étnica como pollo con mole, barras de salsas y sitios con platillos salteados.

Por la noche, la gente de San Francisco tiene suficientes lugares donde elegir para satisfacer a cualquier paladar. Sí están de humor para una experiencia étnica, podrían ir a Kokkari y comer unos *mezethes* griegos (bocadillos), al B44 si quieren paella, al Fina Estampa para comer *anticuchos* peruanos (brochetas con corazón de res) o al Café Straits por satay de Singapur. En el One Market pueden degustar la comida sofisticada de California; en el Delfina se pueden imaginar que están en Italia. Deseosos de probar los diferentes sabores, a los parroquianos de la Bahía les encantan los platos pequeños, inspirados en las tapas españolas: El César en Berkeley, la Fonda Solana en Albano y el

À Côté en Oakland son tres de los favoritos para ello.

Restaurantes Que Marcan la Pauta

Para aquellos observadores de la industria alimenticia, el Área de la Bahía es la tierra prometida. Muchas de las ideas y modas que pasan por el país se originan en los restaurantes de ese lugar. Nueva York puede ser más grande y Los Ángeles tener lo último de la moda, pero los chefs de la Bahía tienen más influencia en la futura mesa de la nación. Muchas compañías nacionales de alimentos envían a sus equipos creativos a comer a los restaurantes locales de San Francisco en búsqueda de nuevas ideas. Entre los restaurantes que marcan el ritmo, tanto local como nacional, de seguro Chez Panisse lleva la batuta. Por más de treinta años otros profesionales de alimentos se han inspirado en este restaurante de Berkeley. Actualmente es más común que los chefs compren directamente de los productores y granjeros y trabajen con ellos sobre los problemas de calidad, pero esto no se acostumbraba cuando Chez Panisse se encargó de ello. Chez Panisse también ha encabezado el compromiso de apoyar a la agricultura sostenible y al cuidado humanitario de los animales, un

ejemplo que muchos otros chefs han seguido. En el frente estético, Chez Panisse introdujo la idea de que los ingredientes impecables pueden triunfar sobre las técnicas más exigentes. Dos alumnos del restaurante, Judy Rodgers en el Café Zuni de San Francisco y Paul Bertolli en el Oliveo de Oakland, se han unido a esta idea introduciendo a los clientes a la cocina campestre de Italia. Aunque Bertolli es un italiano purista, la comida de Rodger lleva un sello de California. Muchos señalarían al Café Zuni como el restaurante local más representativo de San Francisco.

Claro está, que el genio indiscutible de Thomas Keller ha convertido al French Laundry de Ountville en un lugar digno de ser visitado. Él es el chef de chefs, cuya importante técnica provoca asombro y admiración. Trabajando al mismo nivel, pero en el ramo de los mariscos, se encuentran los chefs del Aqua y Farallón en San Francisco, quienes han restituido la primacía de la ciudad como un lugar de mariscos. Otros establecimientos de categoría para cenar incluyen Gary Danko; el elegante Fleur de Lys; Traci Des Jardins' Jardiniere, popular entre los patrocinadores de la ópera y la sinfónica; y Boulevard, la vitrina de la cocina de Nancy Oakes. Y, de una manera más casual, se

encuentra la extravagante Fog City Diner que ha demostrado que el cliente anticuado puede ponerse al día con el gusto contemporáneo.

Los chefs inmigrantes como vietnamita Charles Phan del Slanted Door y el peruano Martín Castillo del Limón continúan estimulando los paladares y expandiendo la definición de la comida de San Francisco. En el siempre concurrido Slanted Door, Phan ha demostrado que los parroquianos le dan la bienvenida a la comida vietnamita de la mejor calidad y que la comida de su país puede ir bien con el vino. Cuando Castillo inauguró el restaurante Limón en 2002, encontró un público cercano y entusiasta dispuesto a probar sus ceviches peruanos frescos, siendo ésta una prueba más de que al paladar local le encanta el reto.

En Inverness, un pueblecito que queda aproximadamente a una hora hacia el norte de San Francisco, Margaret Grade ha creado el lugar que muchos chefs han soñado: una pequeña posada de pueblo con su restaurante que tiene un menú basado principalmente en comidas con ingredientes locales y de la estación. Su posada, llamada "Manka's Inverness Lodge", es considerada tan buena que Thomas Keller ha cenado ahí para festejar su cumpleaños.

1509
HYDE ST. SEAFOOD HOUSE
1509
EST. 1985
OYSTERS·CLAMS·MUSSELS·FISH·
JACKSON

MERCADOS

Al igual que una antigua plaza, los mercados de agricultores reúnen a los vecinos para compartir chismes y noticias. Para muchos, un viaje al mercado es una excusa para salir a pasear con la familia o desayunar con los amigos. Para otros, es la mejor manera de abastecer sus cocinas con las mejores frutas y verduras que la zona puede ofrecer.

El factor principal que contribuye a la escena dinámica de alimentos en la Bahía es la proliferación de los mercados de agricultores. Comunes en las aldeas y ciudades de Europa durante siglos, estos animados mercados prácticamente han desaparecido en los Estados Unidos con el aumento de los eficientes supermercados. Para los años setenta, en California quedaban solamente veinte mercados de agricultores.

La disminución de éstos se revirtió a principios de los 80's cuando los activistas comunitarios empezaron a organizar los mercados de agricultores con el fin de revivir los centros urbanos y mantener a las pequeñas granjas que luchaban por sobrevivir en la periferia. Las comunidades suburbanas que rodeaban San Francisco, Oakland y San José habían proliferado después de la Segunda Guerra Mundial, haciendo desaparecer las tierras de cultivo a un paso alarmante. Cuando los chefs y consumidores empezaron a darse cuenta de que las granjas de la periferia eran una especie en extinción, se preparó el renacimiento de los mercados de agricultores.

Hoy en día, existen en California más de 400 comunidades que tienen mercados certificados por el estado y el Área de la Bahía tiene más de los que necesita. Cada pueblo del Área de la Bahía, sin importar su tamaño, tiene un mercado de agricultores a la semana y algunos de ellos, como San Francisco, tienen varios. Para adquirir una certificación, los mercados deben aceptar sólo a aquellos agricultores que siembran sus propios productos; no aceptan mayoristas ni intermediarios.

Para muchas granjas familiares pequeñas del norte de California dichos mercados son la clave de su supervivencia. Los agricultores obtienen el precio al menudeo por su cosecha y tienen acceso a un gran público: compradores sofisticados dispuestos a pagar calidad y ávidos de probar lo desconocido. A cambio de esto, los agricultores les ofrecen productos maduros que fueron recolectados el día anterior, una experiencia de sabor que no se puede encontrar en el supermercado. Algunos agricultores utilizan el mercado como campo de prueba de bajo riesgo, un lugar para probar nuevas variedades por una módica inversión. Unas cuantas filas de rábanos poco usuales o melones no bastarán para interesar a un distribuidor, pero proporcionarán lo necesario para evaluar la demanda del consumidor.

Estos preciados mercados se han convertido en algo más que un lugar para comprar productos frescos de la estación. Los padres llevan a sus niños al mercado con el fin de recordarles que la comida proviene de una granja, no de una lata; para avivar su interés por las frutas y verduras frescas; y para despertar sus sentidos a los placeres de jitomates que han madurado en la tierra o duraznos que han madurado en el árbol. Los agricultores y clientes intercambian recetas en el mercado y los jardineros de casa buscan los consejos de los granjeros.

Los mercados de los agricultores del Área de la Bahía se han convertido en lugares tan populares que muchos de ellos tienen zonas dedicadas a servir café y pastelería u otros alimentos preparados que se pueden comer ahí mismo. Aproximadamente a una hora y media al noroeste de San Francisco, el pueblo de Davis, hogar de uno de los mercados del

estado más antiguo y exitoso, lleva a cabo un mercado vespertino de verano los miércoles atrayendo a cientos de familias que van a hacer sus compras o a hacer un día de campo, eligiendo su cena de uno o de varios vendedores de comida internacional. Cada mercado tiene su propia personalidad, basada en el vecindario y sus clientes. El mercado matutino de los viernes en Oakland, a orillas de Chinatown, atrae a una clientela en su mayoría asiática y a muchos vendedores asiáticos. Los mercados del centro de Berkeley de los martes y sábados son principalmente orgánicos, un reflejo de las preferencias de la comunidad. El mercado del Marin Civic Center, que se instala dos veces por semana, es otro mercado establecido desde hace mucho tiempo que tiene una clientela comprometida y muchos vendedores de flores y artesanías.

En el valle de Napa, se lleva a cabo el mercado matutino de Santa Helena los viernes de primavera y verano. En contraste con las parras y las pintorescas montañas Mayacamas, los turistas de fin de semana se mezclan con los avicultores mundialmente famosos, llenan sus bolsas con queso de cabra hecho en las proximidades, huevos frescos de granja y el aceite de oliva local del Long Meadow Ranch.

Uno de los mercados más animados y cautivadores es el mercado de Alemany en la orilla sur de San Francisco. Su clientela está formada por una increíble variedad de grupos étnicos, incluyendo muchos hindúes, asiáticos del sudeste, filipinos e hispanos, representando de una manera vivaz el rico tapiz cultural que forma a San Francisco. En Alemany las bolsas de compras se llenan con raíz de taro, caña de azúcar, *rau ram* (cilantro vietnamita), camotes, huevos de pato y lemongrass.

Pero seguramente el mercado con más influencia es el Ferry Plaza Farmer's Market en los muelles de San Francisco. Los sábados por la mañana, los mejores chefs y profesionales de comida del Área de la Bahía vagan por los pasillos; se puede ver a Alice Waters haciendo sus compras personales a los agricultores que entregan en su restaurante.

Los mejores productos del norte de California pasan por este mercado. El verano trae consigo los chabacanos Blenheim, los carnosos olallieberries y los jugosos y dulces higos. En agosto, los mercados de los agricultores del Área de la Bahía son los únicos lugares en donde se pueden encontrar manzanas Gravenstein de la localidad, para hacer un delicioso puré, pero no muy solicitadas por los

supermercados. En otoño, los agricultores pregonan sus coles de Bruselas en tallo, semillas de arándano fresco, peras reales Comice y las aromáticas manzanas heirloom. Stan Devoto, siembra grandes variedades de manzanas en su granja de Sebastopol y lleva su cosecha a los mercados de la Bahía, tentando a los compradores con sus manzanas tipo Arkansas Black, Pink, Pearl, Mutsu y Spitzenburg, de las cuales se dice que eran las favoritas de Thomas Jefferson. Algunos agricultores descansan en invierno y otros llenan sus puestos con una variedad de cítricos, tubérculos, toda clase de verduras firmes para cocinar y exquisitas chicorias para ensaladas. Los compradores en la Plaza Ferry y los mercados de Marin conocen la forma de buscar el puesto del Star Route Farm que trae cosechas de clima templado como el brócoli rabe o rapini, arúgula (rocket), kale toscano, ortigas, preferidas por los chefs para darle sabor a la pasta, y lechuga frisée. En primavera, los chícharos, espárragos, habas y betabeles pequeños de la región atraen a los compradores. Los agricultores de Pescadero y Half Moon Bay, ambos al sur de San Francisco, son el centro de atención en marzo y abril con gran cantidad de alcachofas firmes y carnosas que varían en tamaño.

LOS SABORES DE LA LOCALIDAD

Para conocer la personalidad de San Francisco, debe caminar por sus calles, detenerse ocasionalmente para saborear un taco o un plato de *pho*. Descubrir los aromas de sus muchos vecindarios, pequeños mundos discretos con su propio sabor y ritmo y, en algunos casos, su propio idioma.

Más que muchas otras ciudades de Norteamérica, San Francisco cuenta con vecindarios muy característicos con nombres bastante afamados, con límites no escritos pero entendidos y llenos de personalidades famosas. Un grupo de regiones cercanas al Área de la Bahía también tienen sus propios rasgos fáciles de identificar debido a su historia, paisaje, comerciantes y residentes que definen la vida diaria.

La Misión

Conocida desde hace mucho tiempo por sus taquerías, panaderías y mercados bien surtidos como la Casa Lucas, la Misión está en transición. Atraídos por sus rentas relativamente bajas, han llegado restaurantes como la crepería Ti Couz, el Foreign Cinema con influencia mediterránea, y el Limón, un moderno lugar peruano, convirtiendo a la Misión en el lugar preferido por los chefs con ideas de punta. Sin embargo, la Misión sigue siendo el lugar ideal para los cocineros que buscan ingredientes hispanos o los sabrosos tacos de carnitas y no parece que este lugar vaya a perder su acento latino.

Chinatown

Los amantes de la cocina van a Chinatown a comprar el pescado, pollos, aves y patos más frescos. Las concurridas banquetas y tiendas repletas requieren que los clientes no titubeen, ya que si lo hacen pueden ser empujados y no llegar a su meta. La gente de San Francisco considera a Chinatown como un gran recurso para obtener woks y cuchillos de carnicero, té fino, dim sum, y hierbas medicinales que lo curan de cualquier enfermedad.

North Beach

Con la Avenida Columbus como su columna vertebral y Washington Square como su corazón, la North Beach sigue siendo el distrito de San Francisco con mayor influencia italiana. Los lugareños y turistas llenan sus cafés, disfrutando un capuchino o un Campari con soda. Al estilo antiguo, los clientes hacen sus rondas entre los pequeños comerciantes de alimentos, eligiendo focaccia en Liguria Bakery, *soppressata* en Molinari, café en Graffeo, biscotti en Danilo y ternera en Little City. El vecindario alberga uno de los restaurantes más antiguos de la ciudad (Fior d'Italia) y algunos de los más señalados, incluyendo Tommaso's, preferido por su pizza hecha en horno de leña, la pequeña L'Osteria del Forno por su cocina italiana sencilla y casera y la animada Rose Pistola.

La Marina y Cow Hollow

Los vecindarios de la Marina y Cow Hollow, zonas preferidas para vivir por los jóvenes solteros, sirven a sus residentes en animados bares como Perry's y Café Balboa, entre otros, y en ruidosos y joviales restaurantes como Betelnut y Café Marimba. Las calles de Chestnut, Union y Filmore están siempre llenas con lozanos compradores. Aquellos que se inclinan por la cocina, hacen sus compras en Fredericksen Hardware por sus utensilios de cocina y mantelería casual; PlumpJack Wines por su gran variedad de vinos californianos y Marina Super, un pequeño mercado del vecindario con alma italiana. Lucca, una tienda antigua especializada en alimentos italianos en la calle Chestnut, prepara sustanciosos sándwiches y un soberbio ravioli fresco.

El Richmond

Conocido como el nuevo Chinatown de San Francisco, el barrio de Richmond es pan-asiático. Sus restaurantes étnicos proveen muchas opciones para cenar a precios moderados, mientras que el New May Wah Supermarket y las pequeñas tiendas de utensilios de cocina en Clement Street satisfacen las necesidades con todo tipo de ingredientes asiáticos desde la salsa de pescado Tai hasta las ollas eléctricas para cocinar arroz. El vecindario también ha sido el corazón comercial de la comunidad rusa de la ciudad, dando cabida a los salones de té rusos y sus tiendas de alimentos gourmet.

El Sunset

Un distrito residencial que ha sido el hogar de mezcla étnica, el Sunset no tiene pretensiones de ser modernista o vanguardista. Los restaurantes tienen precios módicos; las tiendas y mercados tienen lo que realmente necesita la gente. Sus habitantes adoran el Park Chow por su comida italiana, San Tung por sus fideos chinos, Beanery por su café recién tostado y Polly Ann por sus exóticos helados.

El Distrito Financiero y Union Square

Numerosos establecimientos de café y tiendas de sándwiches dan servicio a los oficinistas del centro de la ciudad, algunos de los cuales compran una rebanada de pizza en Blondie's o un *panino* (sándwich) italiano a la parrilla en Palio Paninoteca. Los que prefieren un lugar más caro se dirigen a Farallón, Campton Place, Postrio o el Anjou, un lugar más escondido. Agrupados alrededor de la Belden Place está el barrio francés de San Francisco con el Café Claude, Café Bastille y Plouf, todos ellos transportando a sus clientes a París. El famoso Le Central,se encuentra cerca del centro.

SoMa

Hace tiempo fue un lugar arenoso de la ciudad, con sus talleres de coches y manufactura ligera, SoMa (South of Market) experimentó un renacimiento en los 80's y se convirtió en el centro del boom de la tecnología de los 90's. Muchas de las firmas tecnológicas ya no existen, pero las firmas de diseño, fotografía y artes gráficas permanecen, y han surgido restaurantes de moda para servirles. Entre los restaurantes más

populares están el Bizou, Bacar, Fringale, Lulu y Hawthorne Lane.

Pacific Heights y Japantown

Muchos de los residentes más adinerados viven en Pacific Heights, los cuales atraen a los comerciantes que tienen productos de mayor calidad para servirles. Bryant´s Quality Meats en Laurel Village es el proveedor más importante de pescado y carne de la ciudad. Hay un lugar llamado Artisan Cheese (queso artesanal) en la calle de California que no vende muchos tipos de queso, pero vende los mejores. La panadería francesa cercana, Bay Bread, provee pan baguette y galettes para el vecindario. A la vuelta, el popular Chez Nous, que es del mismo dueño que Bay Bread, ofrece platillos con un tema mediterráneo.

Japantown atrae a los lugareños que buscan un tazón de soba caliente (fideos de trigo sarraceno) o ingredientes para las recetas japonesas. Los amantes de fideos van a Mifune en el Japan Center para comer soba y udon (fideos de trigo), mientras que los fanáticos del sushi pueden ir a Isobune. Soko Hardware, enfrente del Japan Center, tiene un amplio surtido de juegos de sake, teteras vidriadas y cubiertos, y la tienda de abarrotes Super Mira provee toda la carne, pescado, productos frescos, así como productos empacados necesarios para hacer una comida japonesa.

Berkeley del Norte

El hogar del Gourmet Ghetto, una comunidad de comerciantes de alimentos con Chez Panisse como su centro, el Norte de Berkeley atrae a la gente que realmente disfruta de la buena comida del Área de la Bahía. Sus destinos son: el Cheese Board sobre Shattuck; Monterey Fish y Monterey Foods sobre Hopkins y Acme Bread y Kermit Lynch Wine Merchant sobre la avenida San Pablo. Otros dos proveedores de vino, North Berkeley Wine sobre Martin Luther King Jr. Way y Odd Lots cerca de Albano, convierten a esta zona en un buen recurso para los fanáticos del vino. Muchos compradores empiezan o terminan sus excursiones tomando su desayuno o comida en el encantador Café Fanny.

Rockridge

El soleado Rockridge, un vecindario peatonal en donde la avenida Collage es su centro comercial, lleva a los amantes de la comida a Oakland. Ellos saben que pueden disfrutar de una comida completa en el Market Hall, con su colección de pequeñas tiendas que se especializan en carne, pescado, productos frescos, pan, pasta, queso y vino. Otros llegan atraídos por los restaurantes de primera clase como: Oliveto, Citron, À Côte y Grasshopper. Para muchas de las personas de este vecindario, un latte y un scone en el Olivito Caré son su único desayuno.

Condado Marin

El pintoresco condado Marin, justo frente al Golden Gate de San Francisco, ofrece un lugar confortable y algo rústico para muchos que viajan diariamente a la ciudad. Los entusiastas de la comida se reúnen dos veces a la semana en el mercado de agricultores del Marin Civic Center, uno de los mejores del estado. El Mill Valley Market y Woodlands Market en Kentfield

también surten a los hogares con alimentos de la más alta calidad, mientras aquellos que prefieren hacer reservaciones en un restaurante se dirigen a Lark Creek Inn, Insalata`s o al templo de la comida cruda, Roxanne´s.

Condado Sonoma

Aunque las uvas para vino son la cosecha principal de la región, varias granjas familiares siguen prosperando en el condado. El mejor lugar para ver estos productos es el mercado sabatino de agricultores de Healdsburg, una bonanza en manzanas, tomates, pimientos, ciruelas y flores cultivadas en la localidad. El reconocido comerciante de enseres domésticos Williams-Sonoma se inició en el pueblo de Sonoma en 1956, cuando Chuck Williams se apoderó de una ferretería y la surtió con todo lo necesario para la gente que disfrutaba de preparar comida francesa en casa. El condado ofrece variadas y magníficas opciones para cenar, entre las que se encuentra Zazu en Santa Rosa, popular por su menú sencillo y fresco estilo mediterráneo; Santi en Geyserville, por su comida italiana y el Café La Haye en Sonoma, conocido por su cocina californiana contemporánea.

Napa Valley

Los mundialmente famosos vinos del Valle de Napa dirigen la economía de este lugar, atrayendo a los turistas y apoyando a los numerosos y excelentes restaurantes. La gente de la localidad compra sus alimentos en la tienda familiar Sunshine Foods o en el mercado de agricultores de St. Helena. Ellos adquieren queso en Séller´s; pasta, aceite y salami en el Napa Valley Olive Oil Co., y salmón ahumado, caviar y otros alimentos especiales en Dean & Deluca o la Oakville Grocery. Los lugares favoritos para comer de manera casual incluyen Foothill Café en Napa, donde se disfruta de las costillitas o pollo rostizado; Zusu en Napa, un lugar de moda que se especializa en platillos pequeños; y Mustards en Yountville, conocido desde hace mucho tiempo por su carta de vinos y su estilo californiano casual. Los comensales que buscan una cena más formal se pueden dirigir hacía Terra en St. Helena, en donde el chef Hiro Sone mezcla ingredientes asiáticos con alimentos contemporáneos.

Healdsburg
Bodega Bay
Calistoga
Sebastopol
Tomales
St Helena
SONOMA
COUNTY
NAPA VALLEY
Inverness
Petaluma
Yountville
Pt Reyes Station
Sonoma
Napa
MARIN
San Rafael
Berkeley
San Francisco
Oakland
PENINSULA
EAST BAY
Half Moon Bay

SOUTH BAY
BAY AREA

N
0 _____ 20 mi
20 km

Santa Cruz

PACIFIC OCEAN

GOLDEN GATE BRIDGE

PRESIDIO

LINCOLN PARK
PALACE OF THE LEGION OF HONOR
California St
Clement St
Geary Blvd
RICHMO
Balboa St
Fulton St
Cross Over Dr
DE YOUNG MUSEUM
JAPANESE TEA GARDEN
GOLDEN GATE PARK
CALIFORNIA ACADEMY OF SCIENCES
Lincoln Way

SUNSET

FOREST HILL

46th Av
40th Av
33rd Av
26th Av
19th Av
Park Presidio Blvd
9th Av

46th Av
40th Av
33rd Av
26th Av
19th Av
14th Av
9th Av

The Great Highway

N
0 _____ .5 _____ 1 mi
.5   1 km

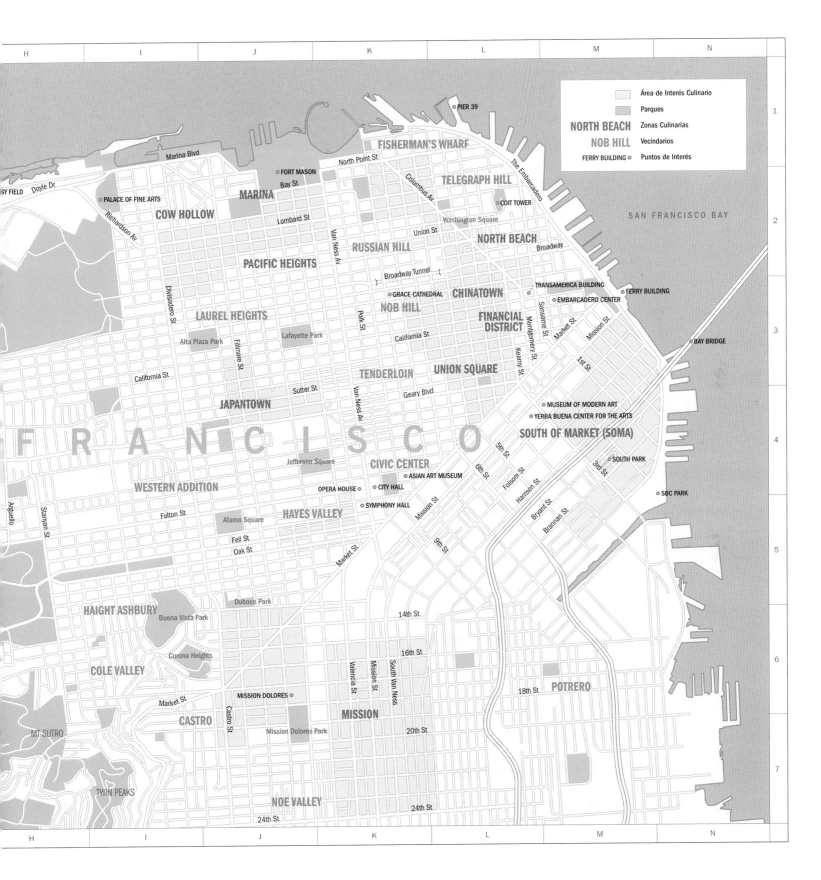

	H	I	J	K	L	M	N	

Área de Interés Culinario
Parques
NORTH BEACH Zonas Culinarias
NOB HILL Vecindarios
FERRY BUILDING ○ Puntos de Interés

PIER 39

FISHERMAN'S WHARF

Marina Blvd

North Point St

FORT MASON

Bay St

TELEGRAPH HILL

The Embarcadero

Columbus Av

PALACE OF FINE ARTS

Doyle Dr

SY FIELD

MARINA

COIT TOWER

COW HOLLOW

Lombard St

Washington Square

SAN FRANCISCO BAY

Richardson Av

Union St

PACIFIC HEIGHTS

RUSSIAN HILL

NORTH BEACH

Broadway

Van Ness Av

Broadway Tunnel

TRANSAMERICA BUILDING

FERRY BUILDING

GRACE CATHEDRAL

CHINATOWN

EMBARCADERO CENTER

Divisadero St

LAUREL HEIGHTS

NOB HILL

FINANCIAL DISTRICT

Sansome St

Market St

Mission St

BAY BRIDGE

Alta Plaza Park

Lafayette Park

Polk St

California St

Montgomery St

1st St

Fillmore St

California St

Kearny St

TENDERLOIN

UNION SQUARE

Sutter St

Geary Blvd

MUSEUM OF MODERN ART

JAPANTOWN

Van Ness Av

YERBA BUENA CENTER FOR THE ARTS

SOUTH OF MARKET (SOMA)

F R A N C I S C O

Jefferson Square

5th St

6th St

3rd St

SOUTH PARK

CIVIC CENTER

Folsom St

ASIAN ART MUSEUM

WESTERN ADDITION

OPERA HOUSE

CITY HALL

Harrison St

SBC PARK

Arguello

Stanyan St

Fulton St

Alamo Square

SYMPHONY HALL

Mission St

Bryant St

HAYES VALLEY

Brannan St

Fell St

Oak St

9th St

Market St

HAIGHT ASHBURY

Duboce Park

COLE VALLEY

Buena Vista Park

14th St

Corona Heights

16th St

POTRERO

Market St

MISSION DOLORES

Valencia St

Mission St

South Van Ness

18th St

CASTRO

Castro St

MISSION

MT SUTRO

Mission Dolores Park

20th St

NOE VALLEY

24th St

TWIN PEAKS

24th St

	H	I	J	K	L	M	N	

Lo mejor de **SAN FRANCISCO**

Las panaderías del Área de la Bahía producen aproximadamente tres y medio millones de hogazas de pan de levadura a la semana. Algunos de los productores originales, como Boudin y Parisian, se han convertido en grandes negocios, dejando un nicho para los pequeños panaderos artesanos que cuentan con métodos antiguos.

PAN ARTESANAL

Desde la época de la fiebre del oro, San Francisco ha sido sinónimo de pan hecho con levadura, una hogaza chiclosa con corteza dura y un sabor muy pronunciado. La antigua práctica de esponjar el pan con un iniciador o trozo de la masa madre, probablemente llegó a California con los inmigrantes europeos, quienes llevaron sus iniciadores con ellos. Pero en la costa brumosa de San Francisco, estos iniciadores produjeron un pan con un característico sabor amargo.

La panadería Boudin, inaugurada por el inmigrante francés Isidoro Boudin en 1849, es uno de los negocios más antiguos de San Francisco. El famoso pan de levadura continúa siendo el sello de distinción de la ciudad. Pero desde principios de los 80's, el escenario del pan de la Bahía se ha expandido como "pan caliente". Por lo menos una docena de panaderías artesanales sirven a los clientes que cuidan del sabor de su pan. Es muy difícil saber el nacimiento de una moda, pero

muchos atribuyen esta revolución al momento en que Steve Sullivan dejó Chez Panisse para abrir la panadería Acme en Berkeley en 1983. Sus baguettes dulces y su *pain au levain* (pan de levadura) rápidamente se convirtieron en los estándares regionales.

El éxito de Sullivan inspiró a otros panaderos a creer que ellos podían ganar dinero horneando pan a la antigua. Grace Baking, inaugurada en Oakland en 1987 por Glenn Mitchell, es actualmente un gran negocio que vende únicamente al mayoreo. El Pugliese, un pan denso y espolvoreado con harina, ha impulsado a muchos imitadores. Semifreddi`s, otro original del este de la Bahía, es conocido por su baguette con semillas. La Farine, una pequeña panadería en Oakland abrió sus puertas en los 70`s, incrementó su producción de pan cuando Jeff Dodge, un veterano de Acme, la adquirió en 1997. Kathleen Webber nunca pretendió hornear para nadie excepto para sus amigos y familiares, pero

sus panes hechos en horno de leña atrajeron la atención de los chefs locales. Hoy en día, Della Fattoria, panadería familiar ubicada en Petaluma, produce hogazas de pan rústico moldeadas a mano, horneadas en dos hornos de leña que vende a restaurantes selectos y negocios al menudeo.

Algunas de las panaderías famosas se iniciaron como tiendas del vecindario cuya reputación creció más allá de lo esperado. Noe Valley Bakery, abrió sus puertas en 1995 por los recién casados Michael y Mary Gassen y ahora vende panes de fruta a muchos mercados que venden al menudeo. Bay Bread se inició como una encantadora tienda en 1999. Actualmente, el imperio de Pascal Rigo, su dueño, incluye cuatro panaderías, todas conocidas por sus hogazas de pan francés y pastas. Los lugareños se reúnen en Tartine, una pequeña pastelería y café en la Misión, para disfrutar de sus cuernitos y bollos.

¿Qué transeúnte puede resistir el aroma del pan y galletas de mantequilla recién horneadas?

A pesar de la llegada de la levadura de rápido crecimiento, la mayoría de los panaderos profesionales están de acuerdo en que el pan requiere una fermentación lenta para desarrollar su sabor y textura. Detrás del pan de levadura está la teoría que defiende que, para que éste se esponje y adquiera su sabor, depende de las bacterias transmitidas por el aire y las levaduras silvestres que se alimentan de un iniciador o masa madre, que no sea levadura comercial. En Acme Bread en Berkeley, el crujiente pan de levadura *bâtard* es verdaderamente un alimento de lenta fermentación.

Iniciador del pan amargo de levadura

Steve Sullivan creó su primer iniciador de levadura para la compañía Acme Bread con la ayuda de levaduras silvestres que se encontraban sobre uvas de vino que no habían sido fumigadas, las cuales fueron remojadas en una mezcla de harina y agua. Otros panaderos hacen su propio iniciador con papas, ricas en azúcar que se requiere para alimentar levaduras silvestres. Todos los iniciadores necesitan monitoreo para que no se hagan pesados o demasiado agrios. "Pueden cambiar diariamente," dice Sullivan. "Reflejan su ambiente." De vez en cuando un iniciador pesado o flojo debe sustituirse, y de hecho, algunos panaderos lo hacen anualmente.

Hornos

Un elemento clave que determina el carácter del pan es el horno que se utiliza para hornearlo. En Della Fatorria, un pequeño negocio familiar en Petaluma, los panaderos utilizan hornos de leña para darle a sus hogazas un carácter rústico. Los hornos de leña requieren de gran habilidad y gasto. En lugar de ajustar el termostato para tener el fuego al calor deseado, como lo harían en casa, los panaderos de Della Fattoria deben aprender cómo obtener la temperatura necesaria moviendo y colocando la leña. Sus hornos contienen sondas que indican la temperatura en

varios lugares, pero tales hornos son irregulares y disparejos, por lo que se requiere la completa atención del panadero. Cuando el horno alcanza la temperatura apropiada, se retiran las brasas y se mete el pan.

En Acme Bread Company, el *bâtard* amargo de levadura se hornea en hornos de tierra y piedra. Sullivan cree que hornear sobre una superficie de piedra que retiene el calor es mejor que hornear sobre rejillas, ya que esto produce hogazas con una mejor corteza y estructura interna.

Horneando Bâtards de levadura amarga

CREANDO EL INICIADOR En Acme, la transformación de un iniciador espeso a un *bâtard* tibio y amargo es un proceso de varios pasos que toma alrededor de 36 horas. Primero, el iniciador debe hacerse gradualmente agregándole harina y agua en etapas.

MEZCLANDO Y FERMENTANDO Cuando los panaderos tienen suficiente iniciador para la receta y para reservar para su próxima masa, hacen una especie de esponja de masa agregando más harina y agua. La esponja se fermenta por varias horas, para luego convertirse en la masa final a la cual se le agrega sal, más harina y

agua. Esta masa se fermenta por varias horas para que la levadura se multiplique y que la bacteria trabaje.

MOLDEANDO, CORTANDO Y HORNEANDO
Posteriormente, se divide la masa en porciones, se deja reposar, se le da forma de hogazas a mano y se pasa a telas espolvoreadas con harina para llevar a cabo la última fermentación. Justo antes de hornear, se les hacen unos cortes a las hogazas para permitir que se expandan uniformemente y crear unos cortes atractivos en la superficie. Finalmente, las hogazas se llevan a los hornos de piedra para hornearlas durante 40 minutos.

BAGUETTE

PAN AMARGO DE
LEVADURA DE SAN
FRANCISCO

ROLES DE QUESO
DE CHEESE BOARD

BAGUETTE

Una copia del pan francés, el pan
baguette es el pan básico en los
hogares de la Bahía. Varias
panaderías locales venden panes
dulces y amargos. Las baguettes se
hacen rancias rápidamente y es
necesario comerlas en el transcurso
del día, aunque muchos cocineros
las rebanan y tuestan para utilizarlas
como croutons en ensaladas o
crostini. En la Bahía Este, la
panadería La Farine hace baguettes
dulces y rústicas que se terminan
rápidamente en los fines de semana;
y la panadería Semifreddì`s hace una
versión popular con semillas de
sésamo, amapola, alcaravea e hinojo.

ROLES DE QUESO DE CHEESE
BOARD

Los clientes que van de compras al
Cheese Board en Berkeley, no
pueden dejar de notar cuando están
listos los roles de queso. El aroma de
queso caliente tostado y pan recién
salido del horno es embriagante y
atrae a los transeúntes. Hecho de
una masa de pan integral amargo
de levadura y dos tipos de queso
rallado, estos panes son
fundamentales en una merienda.

PAN AMARGO DE LEVADURA DE
SAN FRANCISCO

El pan más famoso de San Francisco
tiene una corteza gruesa, una textura
chiclosa y un ligero sabor amargo que
se adquiere a una bacteria que se
encuentra de manera natural en el
iniciador. Llamado *Lactobacilli sanfrancisco* y abundante en el brumoso aire de
San Francisco, esta bacteria produce el
ácido láctico que hace que este pan sea
tan amargo. Aún cuando los panaderos
de otros lugares utilizan *L. sanfrancisco*,
congelado para hacer el pan, no pueden
reproducir el sabor. La panadería Boudin
tiene el iniciador más antiguo de la
ciudad que se ha utilizado desde 1849
cuando su fundador lo llevó de México.

LIMÓN MEYER-ROMERO

Uno de los panes hechos en Della
Fattoria, una pequeña panadería familiar
en Petaluma que utiliza hornos de leña,
es el pan de limón Meyer e hinojo que se
vende bien. Los lugareños encuentran el
pan de la panadería Della Fattoria en el
mercado de agricultores de la Plaza
Ferry, en algunas tiendas especializadas
en alimentos y en mercados finos.

NUEVE GRANOS

Los panes de multigranos enteros
encuentran un gran público en el Área
de la Bahía. La mezcla de granos varía
pero puede incluir avena, trigo quebrado,
germen de trigo, quinoa, amaranto,
harina de maíz, mijo y trigo sarraceno.

NUEVE GRANOS

FOCACCIA

LEVAIN

LIMÓNMEYER-ROMERO

PUGLIESE

BOLLOS MAÑANEROS

PUGLIESE

Es un estilo de pan llamado así por la región del sur de Italia de Apulia (Puglia en italiano). El Pugliese es un pan rústico hecho con harina, agua, levadura y sal. Varias panaderías del Área de la Bahía producen este pan, o a su pariente cercano la *ciabbata*, aunque ellos hacen su propio estilo. El Pugliese de los panaderos artesanos es largo, chicloso y ligero, con múltiples bolsas de aire. La versión de Grace Baking es también alargada, pero el migajón es más denso y uniforme.

FOCACCIA

Un pan de levadura plano de herencia italiana, el focaccia parece una pizza gruesa y normalmente se hornea en tablas largas. Se puede comer con aceite de oliva y sal, pero en ocasiones incluye una capa delgada de salsa de tomate o rebanadas de jitomate fresco y pimientos (capsicums) asados, cebolla, una mezcla de hierbas, aceitunas marinadas o queso. Los habitantes de San Francisco se vuelven locos por este pan suave que se puede comprar en la panadería Liguria en North Beach, aunque otras panaderías como Semifreddi's en la Bahía Este, hacen también unas versiones deliciosas.

BOLLOS MAÑANEROS

Creados por la panadería La Farine en la avenida College en Oakland, los bollos mañaneros son una adicción para la gente de la localidad. Cuando salen del horno, esta pequeña tienda se llena de un aroma a canela y azúcar caramelizada. Están hechos con una masa de croissant con mantequilla y rellenos con azúcar moscabado, estos bollos son ligeros, hojaldrados y difíciles de resistir, en especial cuando se acompañan de una humeante taza de café fuerte del Royal Coffee más cercano.

LEVAIN

El pan, *levain* es una imitación del *pain au levain* francés, está hecho con un iniciador que se fermenta gracias a levaduras silvestres. De esa manera, el *levain* se parece al pan de levadura agria, y la levadura de San Francisco es un tipo de *levain*. Para hacer levaduras silvestres, el panadero mezcla un iniciador de harina con agua. Las bacterias del aire se multiplican en el iniciador, creando la fermentación que necesita una masa de pan. Cada porción de masa incluye algún tipo de iniciador, el cual es continuamente refrescado con harina y agua. En el Área de la Bahía, el levain de nuez de la panadería Acme es un ejemplo fino de este género.

En los 50's, la Playa Norte con sus rentas bajas atrajeron a artistas y escritores, quienes se reunían en las cafeterías de la localidad a leer poesía y hablar de jazz. El Café Vesuvio en la calle Columbus se convirtió en uno de los lugares preferidos por la generación Beat anticultural.

CAFÉ CENTRAL

Casi todas las mañanas, el aroma de café tostado perfuma la playa norte como si fuera incienso. Los tostadores de café de la localidad, Graffeo, Caffè Malvina, Caffè Roma y el Caffè Trieste, están preparando sus granos de café diariamente, produciendo la esencia característica de esta zona.

Un buen café siempre le ha dado vida a San Francisco desde los días de la fiebre del oro, cuando James Folger inició su compañía de café tostado en la ciudad. Hacia los años de 1870, San Francisco se definió como un puerto importante de la costa oeste y alentó a otros para iniciarse en el negocio. Hills Bros., y MJB iniciaron sus operaciones en la ciudad, el primero en 1878 y el último en 1881, e hicieron grandes fortunas gracias a este grano tropical.

Tostando café en el mismo lugar en la Playa Norte desde 1935, Graffeo surte a muchos restaurantes y hogares que exigen calidad en el Área de la Bahía. La compañía hace únicamente un tostado claro y oscuro, pero mezclará ambos si así lo exige el cliente.

Aunque la Playa Norte hace alarde de tener más tostadores, otras localidades ofrecen otras opciones para los que gustan del café. En el Sunset, los clientes pueden comprar su grano recién tostado en Beanery; en el Haight, los que prefieren el café jave van a un lugar llamado Coffee, Tea and Spice.

Para algunos devotos, el único café que vale la pena tomar es el de Mr. Espresso, que se tuesta sobre un fuego de roble en Oakland, después se envía a mercados y restaurantes que venden al menudeo. Para otros, el camino a un buen café se inicia y termina en Peet. Este original de Berkeley se vende a todo el público y tiene tiendas en toda el Área de la Bahía y más allá, Peet sigue siendo el favorito de muchos.

Con su influencia europea, San Francisco ha alimentado y alentado el fino arte de salir a tomar café con los amigos. Mucho antes de la llegada de Starbucks, la gente de San Francisco estaba sorbiendo capuchinos en el Café Trieste inaugurado en 1956 y otros cafés de moda como el Café Vesuvio. Tomás Cara, con su increíble tienda en la Avenida Pacific en el distrito financiero de la ciudad, se especializa en maquinas de espresso para el hogar, reclama haber traído la primera máquina de espresso al oeste del Mississippi poco después de la Segunda Guerra Mundial.

Ahora cada persona de San Francisco tiene su lugar favorito para tomar su latte. A muchos todavía les gustan los establecimientos de la Playa Norte, como el acogedor lugar de Mario's Bohemian Cigar Store y el bohemio Caffè Trieste. Otros se sienten más en casa en lugares pequeños de la localidad, como el Russian Hill Le Petit Café o el Caffè Centro de South Park. En las noches, una multitud de artistas se reúnen en Tosca en la Playa Norte, donde el capuchino se toma con brandy.

Un humeante y espumoso capuchino calienta una nublada tarde de San Francisco.

CAFÉ HELADO

CAFÉ

CAPUCHINO

ESPRESSO

MACCHIATO

CAFÉ

Ya sea que lo compren en un café o lo preparen en casa, la gente de San Francisco espera que su mezcla de granos recién tostados sea oscura, rica y aromática. La mayoría de los consumidores de café del Área de la Bahía compran granos enteros de una compañía local que los tuesta con frecuencia, como Peet´s o Graffeo, y muelen los granos conforme los van necesitando en casa. Posteriormente, hacen su café en una cafetera de goteo o embudo.

CAFÉ HELADO

Cualquier bebida de café puede servirse helada para hacerla más refrescante en un día caluroso. Para lograr mejores resultados, el café se debe enfriar antes de verterse sobre hielo para evitar que se diluya. Uno de los más deliciosos cafés helados que se pueden comprar en la Bahía es la versión servida en los restaurantes vietnamitas. Una mezcla de leche condensada, café fuerte tostado oscuro y hielo, siempre servida en un vaso alto y acompañado con una cuchara.

ESPRESSO

A mucha gente de San Francisco le gusta terminar su comida con una pequeña taza de intenso y denso café espresso. Se hace forzando el paso de agua caliente a través de granos de café finamente molidos y comprimidos. Para lograr los mejores resultados, use únicamente granos de alta calidad para el espresso. Si se hace debidamente, la mezcla que se obtiene tendrá más sabor, cuerpo y aroma que el café filtrado y estará cubierta por una crema o capa cremosa espesa y pálida. El espresso siempre es fuerte pero no debe ser demasiado amargo. Se puede endulzar con azúcar, pero nunca se le agrega leche.

CAPUCHINO

Hecho con espresso y leche al vapor, pero con mucho menos leche que un latte, un capuchino está cubierto por una capa espumosa y ligera de leche al vapor. A algunos les gusta espolvorear la espuma con cocoa o canela. Un capuchino usualmente se sirve en una taza de café y es una bebida gratificante para el desayuno o un levanta muertos para la tarde. Los conocedores de café creen que es una bebida demasiado rica para tomarse después de la cena.

LATTE

MOCHA

CHAI

TÉ DE HIERBAS

TÉ VERDE

MACCHIATO

Un *macchiato* es un espresso cubierto con una o dos cucharadas pequeñas de leche al vapor. *Macchiato* significa "manchado"en italiano.

LATTE

Latte es la abreviatura del italiano caffèlatte (café con leche) y se hace al diluir el espresso con una gran cantidad de leche caliente al vapor. Se sirve en un vaso alto o en un tazón de cerámica para latte. Una bebida agradable y tranquilizante, un latte es muy apropiado cuando se disfruta con un croissant (cuernito), bollo u otro tipo de pan para el desayuno.

MOCHA

La abreviatura para el *caffè mocha,* un mocha es un latte con sabor a chocolate. Se puede hacer con leche de chocolate o se le puede agregar chocolate de leche. A menudo se cubre con crema batida y se espolvorea con cocoa en polvo.

CHAI

De tradición hindú, el *chai* es una bebida popular en los cafés o cafeterías especializadas. Es un cremoso y aromático té negro con especias que lleva además azúcar o miel, leche, y especias como jengibre, canela, granos de pimienta y clavo. Se puede disfrutar caliente o helado.

TÉ DE HIERBAS

Muchos amantes de té del Área de la Bahía evitan la cafeína por razones de salud, sustituyéndolo por té de hierbas o flores secas. Las tiendas especializadas en alimentos y algunos supermercados ofrecen una gran selección, como el hibisco, canela, crisantemo y hierbabuena. Estos no contienen hojas de té y por lo tanto tampoco cafeína. Un gran número de buenos restaurantes, incluyendo Chez Panisse, ofrecen un menú seductor de tisanas o infusiones, para tomar después de la cena.

TÉ VERDE

Las hojas del té verde vienen de la misma planta que el té negro, pero las hojas no han sido fermentadas. Su aroma puede ser floral, a hierbas o aún ahumado. Para evitar que el té sepa amargo, la mayoría de los tés verdes deben hacerse con agua que no esté hirviendo, entre 71ºC Y 82ºC (160ºF y180ºF), dependiendo del tipo de té y únicamente durante dos o tres minutos. Algunas personas creen erróneamente que el té verde no tiene cafeína. Aunque contiene menos cafeína que el café o té negro, no está libre de ella.

Cuando la Compañía Cervecera Mendocino abrió sus puertas en 1938 en Hopland, era la segunda cervecería que abría desde la Prohibición. Su triunfo animó a otros, lanzando el renacimiento del oficio de la fabricación de cerveza que no muestra señales de decaer.

CERVEZA ARTESANAL

Cuando se trata de cerveza, los habitantes de San Francisco no sólo discriminan sino que se vuelven provincianos. En sus gustos nada sobrepasa a Anchor Steam, la cerveza local fabricada en una cervecería en Potrero Hill. Fritz Maytag, quien salvó la cervecería en 1965, es un héroe local a quien se le acredita el haber dado vida al oficio de fabricación de cerveza en los Estados Unidos. Maytag, bisnieto del pionero de la lavadora que lleva su nombre, no tenía en mente comprar la cervecería cuando supo que Anchor Steam estaba a punto de cerrar. Nunca había fabricado cerveza y pasó varios años mejorando la cervecería y dominando la técnica de la fermentación. Para el año de 1971, ya tenía un producto que estaba dispuesto a embotellar y vender.

Maytag mantuvo el extraño nombre para la cerveza, cuyos orígenes permanecen cubiertos en la bruma y el tiempo. Algunos dicen que la "cerveza al vapor" fue un término usado en el siglo XIX para las cervezas de la costa oeste que estaban hechas en condiciones primitivas sin hielo. En cualquier caso, la Anchor Brewing Company (Cervecería Anchor) ya no es primitiva; sus métodos son tradicionales, pero sus instalaciones con sus calderos de cobre, son lo último en equipo.

Con su color ámbar, rico sabor y espesa espuma, Anchor Steam ha inspirado a numerosos cerveceros a iniciar la producción de cerveza artesanal. La cerveza inglesa Red Tail de la Cervecería Mendocino tiene su merecida fama. Y la Sierra Nevada, ha tenido tanto éxito con su cerveza Pale Ale y otras mezclas que ha dejado atrás a las cervecerías a pequeña escala.

Una señal del sano interés del Área de la Bahía por la cerveza llena de sabor es el gran número de bares de cerveza locales, los cuales fabrican cervezas en sus establecimientos. San Francisco tiene varias cervecerías entre las que se pueden nombrar ThirstyBear, Gordon Biersch, Beach Chalet, San Francisco Brewing Company y la Magnolia Brewing Pub. Berkeley tiene las cervecerías Triple Rock Brewery y Pyramid Brewery y es el hogar de la Pacific Coast Brewery.

Antes de la Prohibición, la mayoría de las comunidades norteamericanas de cualquier tamaño tenían por lo menos un bar de cerveza. Estos establecimientos no sobrevivieron los años "secos", y no fue hasta los años ochenta que se inició el renacimiento de los bares de cerveza nacionales, llevando la delantera el norte de California. La Cervecería Mendocino en Hopland abrió en 1983 y sigue prosperando. Tripe Rock abrió 2 después y la siguiente década se abrieron docenas más, todas dedicadas a hacer cerveza artesanal.

Los aficionados a la cerveza saben que uno de los mejores lugares para probar la mercancía de las pequeñas cervecerías del norte de California es en Toronado, un pequeño bar en el distrito Haight de San Francisco.

CERVEZA DE TRIGO

LAGER

ALE CLARA

BOCK

ALE ÁMBAR

CERVEZA DE TRIGO

En el verano, muchas cervecerías pequeñas producen una cerveza hecha con una parte de trigo malteado además de cebada malteada. La cerveza de trigo es más ligera, tersa y más refrescante que la cerveza hecha sólo de cebada. Es una bebida refrescante para disfrutarse en clima cálido con alimentos de verano como ensaladas y pescado asado a la parrilla. La Cervecería Anchor de San Francisco hace una cerveza de trigo anualmente y reclama haber restablecido el estilo en este país.

LAGER

Los cerveceros alemanes desarrollaron los métodos para producir la cerveza dorada desde hace muchos siglos. *Lager* significa "almacenar" en alemán, y una auténtica lager se fermenta a temperaturas frías, luego se almacena a temperaturas más frías por semanas o meses. Con el tiempo, la cerveza desarrolla sabor y se convierte en una bebida carbonatada de manera natural. Aunque las cervecerías artesanales del norte de California producen ale (cerveza inglesa muy fuerte), una excepción es la Gordon Biersch, un especialista en lager. Muchas lagers son de color claro y cuerpo ligero pero también pueden ser oscuras y espesas.

ALE CLARA

Un estilo que se originó en Inglaterra, el ale clara, es popular entre los cerveceros del norte de California y amantes de cerveza. Es clara únicamente en relación a la cerveza tónica y a la cerveza fuerte; la mayoría de las ale claras son doradas o color ámbar. Al igual que otras ales, las ales claras se fermentan a temperaturas tibias y con suficiente lúpulo dándoles un agradable sabor amargo y un complejo aroma condimentado. La Pale Ale (ale clara) de Sierra Nevada es el mejor ejemplo de esta cerveza y puede acompañar a los platillos más sabrosos de cualquier tipo.

BOCK

Fue hecha como una mezcla de licores para clima frío, la bock es la cerveza más fuerte de una cervecería, con un contenido de alcohol mayor al 6 por ciento. Una cerveza con mucho cuerpo, malta y sabor, la mayoría de las bocks son lagers que van de doradas a oscuras.

ALE ÁMBAR

Un estilo muy popular en las cervecerías pequeñas, las cervezas ale ámbar tienden a tener un color más intenso y rico, con un sabor más fuerte a malta que las ales claras debido al uso de cebada tostada. La Boont Amber de la Cervecería Anderson Valley y la Albion Amber de la Cervecería Marin son dos de las mejores.

STEAM

CERVEZA
TÓNICA

CERVEZA
FUERTE

ALE NAVIDEÑA

CERVEZA
DE FRUTA

STEAM

Los orígenes del término de la cerveza *steam* son desconocidos, pero el nombre se relaciona con los métodos de fermentar cerveza en la costa oeste de los Estados Unidos en los días cuando no había refrigeración, sin hielo. La Cervecería Anchor de San Francisco revivió el nombre en los 70's y lo convirtió en una marca registrada; actualmente la Anchor Steam es la cerveza representativa de la compañía y una clásica moderna. La cerveza Anchor Steam, de color ámbar, tiene una cremosa textura y una espuma de larga duración que hace un balance entre los aromas de malta con nuez y el sabor fuerte y amargo del lúpulo.

CERVEZA TÓNICA

La cerveza tónica o porter, espesa y oscura, con rastros de chocolate, café y caramelo, es una cerveza que debe saborearse lentamente. El color y sabor intenso vienen de haber tostado bastante la cebada. Las cervezas tónicas tienen generalmente una textura cremosa, mucha espuma y sabores de malta. Este tipo de cerveza va bien con estofados de res y carnes, platillos de champiñones, carnes ahumadas y postres de nueces o chocolate.

CERVEZA FUERTE

Así como lo sugiere el nombre, la cerveza fuerte o stout es una bebida sustanciosa, espesa y reconfortante. que se antoja tomar en días fríos. Su color es café chocolate, casi negro y tiene un aroma parecido al chocolate, una textura cremosa y un sabor a . malta. La Cervecería Sierra Nevada y la Cervecería Mendocino al norte de California son dos productores de esta cerveza de alta calidad. Sirva con ostiones crudos, pescado ahumado o mariscos, sopas de frijol y estofados. Muchosconocedores de la cerveza fuerte la disfrutan con postres muy dulces, especialmente los que llevan chocolate.

ALE NAVIDEÑA

Unos cuantos cerveceros artesanales del norte de California han adoptado la tradición de producir una cerveza especial para la época navideña. La receta puede ser la misma cada año o, como el ale navideña que produce la Cervecería Anchor, cuya fermentación puede ser ligeramente distinta de un año a otro.

CERVEZA DE FRUTA

Algunos cerveceros las desdeñan, pero las cervezas de fruta tienen una larga tradición. Usualmente hechas con una base de trigo con malta y con sabor a frutas de verano, son cervezas claras y una buena opción para quitar la sed.

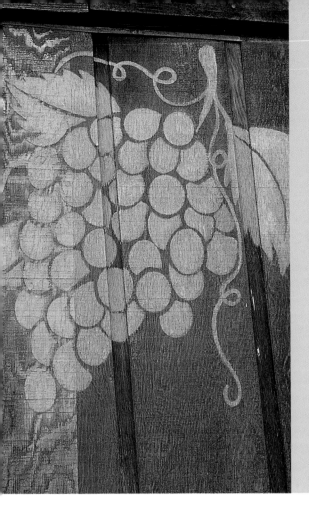

Para los vinateros de California, 1976 fue un año memorable. En una prueba de catadores los jueces franceses dieron el primer lugar a dos vinos de California, un Cabernet Sauvignon y al Chardonnay del Valle de Napa, por considerarlos mejores que los vinos franceses.

EL VINO

El norte de California había adquirido una gran reputación desde los 1880s, con importantes lagares en los condados de Napa, Sonoma, Santa Clara y Contra Costa. Actualmente algunos lagares, entre los que se encuentran Gundlach-Bundschu, Charles Krug, Beringer, Chateau Montelena, Simi y Wente, tienen sus raíces en el siglo XIX. Pero a medida que la industria iniciaba su crecimiento firme, dos eventos de gran trascendencia casi terminan con ella. La primera fue la llegada y propagación de la phylloxera, un insecto que destruye la raíz. Entre 1880 y 1900, arrasó con muchos viñedos. Dos décadas más tarde, en 1919, la promulgación de la Ley Seca paralizó a la industria del vino del norte de California.

No fue hasta los 70's, cuando se inició el restablecimiento de los lugares en la región y los vinos de los condados de Napa y Sonoma recuperaron y superaron su prestigio anterior.

Gracias al departamento de enología y vinicultura de la Universidad de California en Davis, un líder mundial en el campo de la investigación y entrenamiento, los europeos ahora vienen a California a estudiar e internarse en los locales.

El Valle de Napa produce una gran variedad de vinos tintos y blancos, pero el Cabernet Sauvignon es el rey. Las principales áreas de la producción de Cabernet en este valle incluyen Rutherford, Spring Mountain, Howell Mountain y el Distrito Stags Leap. En la región más fresca de Carneros (página 133), un área que se extiende entre los condados de Napa y Sonoma, los Chardonnays y Pinot Noirs maduran a la perfección. Las regiones estrella son Acacia, Etude y Saintsbury.

El condado de Sonoma, puede reclamar algunos de los productores de Zinfandel y Sauvignon Blanc más importantes, especialmente en el área del Valle de Dry Creek.

Los Cabernet Sauvignons del Valle Alexander son un poco más herbáceos que los Cabernets de bayas del Valle de Napa, pero muchos coleccionistas los buscan. El lagar de Jordan y el Silver Oak producen Cabernets premiados del Valle de Alexander. El Valle del Russian River es el condado del Pinot Noir; Rochioli, Williams Selyem y Gary Farrell se encuentran entre los productores de Pinot Noir más respetables. Los Chardonnays del Condado de Sonoma de Peter Michael, Matanzas Creek, Kistler y Chateau St. Jean también tienen muchos partidarios.

Los comerciantes de vino del Área de la Bahía ofrecen al comprador los mejores vinos. Por supuesto que tienen vinos locales, pero también de otros lugares. Las mejores tiendas incluyen K & L Wine Merchants, el Wine Club, D & M Wine, John Walter, Kermit Lynch Wine Merchant, Marin Wine Cellar y la Rare Wine Company.

Los fabricantes de vino ejemplifican la paciencia, esperando a que maduren las uvas y que el vino evolucione.

La fabricación del buen vino requiere de una mezcla experta de arte y ciencia. Los mejores vinicultores combinan el conocimiento de la fisiología de la vid y la fermentación con una visión creativa de cómo debe saber el vino. El reto de un vinicultor es usar esa ciencia para darle la dirección correcta a la vid y al vino, hacia un ideal estético y subjetivo. Para hacer un buen vino, no hay una receta.

Viñedos

A los vinicultores les gusta decir que un buen vino no se hace; se cultiva. La fabricación del vino se inicia en el viñedo, con el reto crítico de la primera etapa, que consiste en sembrar la vid correcta en el lugar adecuado. Cada variedad de uva requiere de un tipo de tierra y necesidades climáticas especiales, por lo que los vinicultores realmente padecen para sembrar apropiadamente. Para muchos vinicultores, el objetivo es una "vid balanceada," que deje de crecer cuando ha producido suficientes hojas y, por lo tanto, que tenga las condiciones ideales para madurar su cosecha.

Añejamiento de Barril

Los barriles de roble, que valen varios cientos de dólares cada uno, son un ingrediente esencial en la producción de vino fino y representan uno de los gastos más importantes de un lagar. Los vinos tintos que se añejan en barriles nuevos de roble recogen el sabor y taninos de la madera, desarrollando mayor complejidad y realzando su capacidad para madurar con elegancia. Los taninos le dan a los vinos tintos firmeza o estructura. Como los taninos inhiben la oxidación, también retrasan el proceso de añejamiento.

Francia produce la mayoría de los barriles que se usan en la fermentación, con madera que procede de diferentes bosques. Los vinicultores pasan mucho tiempo refinando su régimen de barriles, experimentando con diferentes barricas para obtener el tipo de vino que desean. Algunos vinicultores utilizan cierto porcentaje de barriles de roble americano, los cuales imparten al vino un sabor característico a vainilla. Algunos insisten en poner cada vendimia en barriles nuevos, una proposición muy costosa. Otros utilizan una mezcla de barriles nuevos y viejos, quizás como una medida para abaratar costos, pero también, como en algunos casos, el vinicultor cree que si sólo se usan barriles nuevos de roble se deja una gran huella.

Mezclando Vinos

EVALUANDO La culminación de los esfuerzos anuales de un vinicultor suceden en el momento en que está mezclando, cuando el equipo del vinicultor se reúne para evaluar los diferentes lotes y crear las mezclas del año.

ELIGIENDO LOS LOTES Aún aquel lagar que embotella sólo un tipo de vino a menudo hará pequeños lotes de vino, escogiendo el mejor o más armonioso para la mezcla final. Los lotes pueden representar a diferentes viñedos o partes del mismo viñedo. Estos pueden utilizar diferentes técnicas, por ejemplo, un productor de Chardonnay quizás prefiera fermentar parte del vino en

barriles y otra parte en tanques de acero inoxidable. Y, por supuesto, los lotes del lagar pueden representar diferentes variedades de uva que se complementan entre sí, como el Cabernet Sauvignon y el Merlot.

MEZCLANDO A la hora de mezclar, el vinicultor decide qué cantidad debe utilizar de cada lote para adquirir el estilo deseado. Algunos de los vinos tintos más prestigiosos de California son de mezclas no varietales. (Los vinos varietales deben contener por lo menos del 75% de una variedad de uvas). En cambio, el viniculto mezcla dos o más uvas para cumplir con el estilo de casa.

VINO ESPUMOSO

SAUVIGNON BLANC

CHARDONNAY

PINOT NOIR

SYRAH

VINO ESPUMOSO

En las últimas décadas, los vinos espumosos del norte de California han cosechado aplausos internacionalmente. Las regiones templadas como el Valle Anderson y Carneros ocupan el primer lugar. Aún así, los vinos espumosos del norte de California tienen más fruta y cuerpo que el champagne francés, debido al clima cálido de California.

SAUVIGNON BLANC

Conocido por su afinidad con los mariscos y ensaladas, el vigoroso Sauvignon Blanc complementa a la cocina del Área de la Bahía tan bien o incluso mejor que cualquier otro vino blanco varietal. Algunos productores de California lo almacenan en acero inoxidable de principio a fin para obtener un vino con estilo puro y refrescante. Otros prefieren darle un añejamiento en barricas de roble para redondearlo y darle una mayor complejidad. Los platillos hechos con pescado asado a la parrilla, mariscos y verduras de primavera se pueden acompañar bien con este vino.

CHARDONNAY

El vino blanco de California más famoso, el Chardonnay tiende a manifestar un abundante aroma afrutado como a manzana, pera y piña, y a tener más cuerpo que otros vinos blancos. Muchos productores permiten que el Chardonnay pase por una fermentación maloláctica para darle un carácter redondeado a mantequilla. El añejamiento en barricas de roble, una técnica común, agrega un aroma y sabor ahumado. El Chardonnay es una pareja inigualable para el pâté, los champiñones o el pollo.

PINOT NOIR

Esta uva florece en climas templados, como el de las áreas del Russian River y Carneros. Un buen Pinot Noir tiene aromas de fruta roja, como moras, cerezas y ciruelas. El vino es más ligero en color, peso y tanino que el Cabernet Sauvignon.

SYRAH

Un pariente recién llegado a los viñedos del norte de California, la Syrah se ha convertido por sí misma en una uva valiosa. En ocasiones catalogada como carnosa, especiada o apimentada, la Syrah hace un vino audaz y versátil con mucho color, sabor y aroma.

ZINFANDEL

MERLOT

CABERNET SAUVIGNON

PETITE SIRAH

LATE-HARVEST RIESLING

ZINFANDEL

Por años, California reclamaba al Zinfandel como de su propiedad, pero la prueba del ADN ha mostrado que es igual a la de Primitivo en Italia. Sin embargo, es el favorito de la casa, con muchos seguidores en el Área de la Bahía. El Valle Dry Creek en Sonoma y las faldas del Condado de Amador son las áreas en donde se cultivan estas uvas. Afrutado, intenso y moderado en taninos, el vino Zinfandel combina bien con muchos alimentos, desde las hamburguesas hasta la pasta y el filete. Algunos productores lo hacen en un estilo fácil de tomar; otros quieren que su vino tenga más alcohol.

MERLOT

Un vino tinto con poco tanino, el Merlot se puede disfrutar a una edad más temprana que la mayoría de los vinos Cabernet Sauvignon. Por lo tanto, a los dueños de restaurantes les gusta; porque no tiene que permanecer mucho tiempo en bodega. El Merlot de California normalmente tiene un aroma herbáceo que se complementa con platos principales a base de cordero, pollo asado a la parrilla y verduras.

CABERNET SAUVIGNON

La reina de las uvas del vino tinto de California, el Cabernet Sauvignon es el varietal que más se favorece con el añejamiento. Sin embargo, algunas de las mejores áreas del Cabernet, como Stags Leap District del Valle de Napa, producen vinos que tienen poco tanino y que son deliciosos cuando son jóvenes. Los aromas del Cabernet Sauvignon van desde el de zarzamora y ciruela hasta el de café y chocolate. El color es típicamente fuerte, el sabor intenso y el tanino pronunciado. El Cabernet Sauvignon es ideal con carne roja ya sea cordero, res o animales de caza.

PETITE SIRAH

El Petite Sirah ha tenido una historia complicada en California, ya que los vinicultores han dado ese nombre a diferentes uvas. Es ahora cuando los investigadores han empezado a decodificar su parentesco. Es valorado como un vino para hacer mezclas debido a su color y tanino. Unos cuantos vinateros que admiran su rusticidad lo embotellan por separado.

RIESLING DE COSECHA TARDÍA

Los Rieslings de cosecha tardía son unos vinos exquisitos para postres y son compatibles con las frutas de Navarro y Chateau St. Jean son los principales productores de este vino.

Originados en las casas de té de la provincia china de Guangdong, los primeros dim sum quizás eran bocadillos sencillos hechos para dar gusto a sus patrones. Hoy en día, la preparación de los dim sum es todo un arte, con algunos de los más finos practicantes ubicados en las casas de té del área de San Francisco.

DIM SUM

Para muchos habitantes de San Francisco, el almuerzo del fin de semana no siempre significa huevos benedictinos o waffles. En su lugar, es el tiempo perfecto para salir a comer dim sum y deleitarse en el alboroto y conmoción de una casa de té cantonesa al medio día.

En el fin de semana a medio día, los restaurantes populares de dim sum ubicados en el Área de la Bahía están repletos de familias chinas de todas las generaciones. Se reúnen para compartir una comida de bocadillos de pasta hojaldrada, dumplings cocidos al vapor o bollos rellenos, todos ellos servidos en pequeños platos con la intención de "deleitar al corazón", una traducción libre para el dim sum.

En cantonés, una comida dim sum se conoce por el nombre de *yumcha,* , que quiere decir literalmente "beber té". Tradicionalmente, es la única comida china que se acompaña con té (el *cha* generalmente se sirve después de los alimentos). Las grandes casas de dim sum por lo general ofrecen una selección de tés, desde los ligeros y aromáticos de crisantemo hasta los fuertes de *pu-erh;* se piensa que éste último neutraliza la riqueza del dim sum.

Los establecimientos sencillos de dim sum pueden tener un menú a la carta o algunos meseros circulando con charolas cargadas de platos pequeños. Pero en los establecimientos más grandes, que compiten contra cualquiera de los de Hong Kong, los alimentos salen de la cocina en un flujo continuo de carritos que conducen los meseros a través de los comedores abarrotados. A medida que pasan entre las mesas, cantan los nombres de sus platillos: *ha gau* (dumplings de camarones al vapor), *siu mai* (dumplings abiertos de puerco y camarones), *cha siu bao* (bollos de puerco en salsa barbecue), y los comensales eligen los que desean. Siempre se puede llamar a un mesero para ver su selección de cerca y él o ella levantarán las tapas de las vaporeras de bambú.

En las casas más grandes de dim sum, el repertorio del fin de semana puede incluir entre setenta y cinco y cien opciones, desde los conocidos dumplings al vapor y la sopa wonton hasta las verduras rellenas, calamar frito, carnes en salsa barbecue, patas de pollo al vapor, tortitas de cebollitas de cambray y galletas de frijol dulce. Es muy tentador llenar la mesa con las primeras delicias que se ven, pero los amantes del dim sum saben que vale la pena ser pacientes

Una vez hecha la elección, el mesero hará su cuenta. La mayoría de los platillos tienen precios moderados, pero algunas especialidades como el lechón asado, son más caras.

Puede probar los dim sum más generosos, auténticos y deliciosos en los restaurantes de Gold Mountain, Harbon Village, Ton Kiang y Yank Sing en San Francisco; el Restaurante Peony en Oakland; el Hong Kong Flower Lounge en Millbrae y el Koi Palace en Daly City.

Cada salón de dim sum tiene su propio repertorio de platillos, pero puede confiar en que encontrará una variedad de dumplings al vapor; rollos primavera; dumplings fritos parecidos a los potstickers; carnes de lechón y pato asadas o con salsa barbecue; calamares y camarones (langostinos) fritos; y una gran selección de pastas hojaldradas, como las tartas de natilla, y los dulces de pasta de fríjol.

Vegetales Dim Sum

Enfatizando los dumplings, bollos, budines de taro, tallarines y arroz pegajoso, una comida dim sum es un cielo de carbohidratos. Para aliviar la festividad, los comensales a menudo eligen algo más ligero, como el brócoli chino al vapor (*gai lan*) con salsa de ostión; ensalada de algas; o pimientos verdes rellenos de camarón. Si no ve alguna verdura al vapor o frita en alguno de los carritos, revise el menú o pregunte al mesero. La mayoría preparan verduras si se les pide.

Té

El té caliente servido de una tetera hacia pequeñas tazas de porcelana es tan fundamental para el dim sum como los dumplings y las galletas. Algunas personas se refieren al dim sum como "el almuerzo de té chino" porque, históricamente, el ritual de tomar el té proporciona una excusa para servir comida. El té, especialmente el té negro, se dice que contrarresta la suculencia del dim sum. En cuanto se siente, un mesero aparecerá para tomar su orden de té. (Los establecimientos más sencillos quizás no le permitan elegir, y el mesero simplemente le traerá el te de la casa inmediatamente). Rara vez hay un menú de tés; se espera que los clientes sepan lo que quieren.

Uno de los tés de dim sum más populares es el *pu-erh,* un té exótico de la provincia china de Yunnan de color oscuro y sabor terroso o a madera. El *pu-erh* es fermentado, lo cual acrecienta su contribución a la salud. Otros comensales prefieren tés más ligeros, como el té aromático de jazmín (un té verde o té de oolong aromatizado con flores de jazmín) o el té de crisantemo, libre de cafeína.

Haciendo Bollos de Puerco en Salsa Barbecue

EXTENDIENDO LA MASA El *cha siu bao* cantonés (bollos de puerco en salsa barbacue), que se sirve en todas las casas de dim sum, empieza su preparación con masa de harina de trigo con levadura y endulzada, aplanada suavemente con un rodillo para formar círculos pequeños.

RELLENANDO Y FORMANDO El relleno incluye puerco en salsa barbacue finamente picado y frito con ajo, salsa de soya, salsa de ostión y azúcar. Cuando el relleno se ha enfriado, los chefs utilizan palillos chinos para poner una pequeña porción en cada círculo. Utilizando los dedos, sellan los bollos con un pellizco rápido haciendo unos pliegues.

COCIENDO AL VAPOR Los bollos, con las superficies en forma de remolino, se reservan para que se esponjen antes de cocinarlos al vapor. En una cocina caliente, este procedimiento no toma mucho tiempo. Antes de cocinarlos al vapor, se coloca cada bollo sobre un cuadro de papel delgado para que no se pegue. Los comensales deben quitar el papel del bollo.

SIRVIENDO El *cha siu bao,* blanco como la nieve, pasa de las vaporeras a los carritos rodantes de dim sum, dentro de las mismas canastas de bambú con tapaderas. Los meseros les dejarán las tapaderas puestas para mantener los bollos calientes, anunciando su contenido mientras pasan por cada mesa.

CONGEE

CHA SIU BAO

ARROZ EN HOJA
DE LOTO

PIMIENTOS RELLENOS

CONGEE

También conocido como el *jook, congee* es comida china casera que se toma ya sea en el desayuno, muy adentrada la noche y para el dim sum. Hecho de arroz cocido durante largo tiempo en caldo o agua, el *congee* parece una sopa ligera o un puchero. El genio chino para contrastar la textura y sabor puede verse en la manera de adornarlo. Típicamente, el *congee* se adorna con una variedad de condimentos como jengibre fresco, aceite de ajonjolí, cebollitas de cambray, cilantro fresco, cacahuates picados o vegetales en conserva Sichuan (tallo de un tipo de mostaza en conserva de chiles y sal).

CHA SIU BAO

Los suaves bollos blancos como la nieve, cocidos al vapor, conocidos como *cha siu bao* esconden una sorpresa en su interior: carne de puerco finamente picada y sazonada (vea la receta en página 57). Los bollos son suaves, esponjosos y dulces, fermentados con levadura y polvo de hornear; su relleno es salado, azucarado e intenso. El contraste hace que el *cha siu bao* sea irresistible. Si los hace un chef maestro de dim sum, estos bollos tendrán pliegues perfectamente hechos en su superficie lo cual los hace tan bonitos que es difícil comerlos.

PIMIENTOS RELLENOS

Otra popular opción de dim sum son los pequeños cuadros de pimiento verde (capsicums) rellenos con una sabrosa combinación hecha de carne de puerco molida, castañas de agua, hongos secos y algunas veces camarón (langostinos). Los pimientos rellenos se doran primero por el lado del relleno, después se voltean y se cuecen al vapor hasta que estén suaves. Se comen con salsa de fríjol negro fermentado, que el mesero de dim sum baña sobre ellos antes de servirlos. Otro platillo de dim sum similar a éste son los triángulos de tofu que llevan el mismo relleno y, posteriormente, se fríen en la sartén en vez de cocerse al vapor.

ARROZ EN HOJA DE LOTO

Son paquetes pulcramente envueltos en hojas de loto, muy comunes en los carritos de dim sum, que se cortan con tijeras junto a la mesa para mostrar su relleno cocido al vapor: arroz pegajoso o glutinoso decorado con pedacitos de salchicha china dulce, hongos secos, nueces gingko, cuadros de pollo y otros sabrosos rellenos. Las hojas imparten al arroz un delicado sabor a hierbas pero éstas no se comen.

TORTITAS DE CEBOLLITA
DE CAMBRAY

PATAS DE POLLO

HA GAU

TARTAS DE NATILLA

HA GAU

Pocos comensales rechazan una orden de *ha gau,* o dumplings de camarones cocidos al vapor. El sabor y delicadeza de estos dumplings, demuestran la habilidad de los chefs del dim sum. Los *ha gau* bien hechos son pequeños, perfectamente plisados con envolturas delgadas y translúcidas que dejan ver el relleno. El relleno de camarón debe estar bien sazonado y balanceado. Los. *Ha gau* por lo general se preparan en una vaporera pequeña de acero inoxidable la cual se lleva a la mesa en un carrito. Son deliciosos cuando se sumergen en una mezcla de salsa de soya y aceite de ajonjolí.

TORTITAS DE CEBOLLITA DE CAMBRAY

Estas tortitas calientes y crujientes se hacen con masa de harina de trigo suave que se extiende para formar un círculo, se barniza con manteca o aceite y se espolvorea con cebollitas de cambray finamente picadas y sal. Posteriormente se enrolla como si fuera un niño envuelto. Por último, al rollo relleno se le da la forma de una víbora, se aplana una vez más con un rodillo y se fríe en la sartén hasta que esté dorado y crujiente. Lo ideal es cortar las tortitas en rebanadas y servirlas bien calientes. En la mayoría de las casas de dim sum, estas tortitas no se llevan en los carritos porque se deben ordenar; puede preguntar al mesero si las tiene.

PATAS DE POLLO

Quizás desagradables para los occidentales que están acostumbrados a comprar pollo sin las patas, éstas son una delicia del dim sum. Se cuecen al vapor y se sirven calientes, a menudo en su jugo, acompañadas por una salsa de soya. En otros restaurantes de dim sum, quizás se asen en salsa de soya con azúcar candy, jengibre y anís estrella, que las dora e infunde sabor. Aquellas personas que comen dim sum con regularidad, pueden comer patas de pollo con gracia con ayuda de unos palillos chinos, dejando únicamente los delgados huesos totalmente limpios.

TARTAS DE NATILLA

Una de las diferentes opciones dulces en un carrito típico de dim sum, las tartas de natilla, son la selección más bella. Su relleno amarillo limón es rico en huevos y sabor a vainilla, y la delicada pasta se desbarata sobre la lengua. Otras opciones dulces incluyen pequeñas galletas rellenas con pasta dulce de frijol rojo, pastel simple hecho al vapor y pudines de harina de castañas de agua. Otra opción muy cotizada son las bolas fritas de ajonjolí. Hechas con harina de arroz dulce envuelta alrededor de una nuez o pasta de frijol dulce, cubiertas con semillas de ajonjolí y fritas. Son deliciosas y gratificantes.

La población asiática del Área de la Bahía es mucho más diversa que en los tiempos de la fiebre del oro. A los primeros inmigrantes chinos se les han unido en los tiempos modernos los coreanos, japoneses, filipinos, vietnamitas y otros, creando un mercado que busca productos asiáticos.

PRODUCTOS ASIÁTICOS

No hace mucho tiempo, cuando un comprador de San Francisco buscaba bok choy o lemongrass tenía que ir a Chinatown o a alguno de los mercados de productos asiáticos en la calle de Clement. Hoy en día, dichos artículos se pueden encontrar fácilmente en los supermercados del Área de la Bahía y la selección de productos asiáticos en los mercados no asiáticos ha ido en aumento.

Parte de esto se debe a la gran población asiática que hay en la ciudad. Más del 30% de los residentes del condado de San Francisco son asiáticos y no todos ellos hacen sus compras en Chinatown. Pero los compradores de la ciudad que no son asiáticos también buscan cada vez más los ejotes, berenjena (aubergine) asiática, brócoli chino y frijoles de soya frescos, alimentos que mucha gente probó por primera vez en los restaurantes locales.

Aún los restaurantes sin ninguna inclinación étnica han acogido las hierbas y verduras asiáticas y han ayudado a introducirlas a un público más amplio. En el Farallón, una de las casas más selectas de mariscos en San Francisco, los langostinos Monterey pueden ser servidos con un pastel de arroz con lemongrass y hongos Shiitake en salmuera. El elegante Masa's en San Francisco combina la anguila japonesa con hongos de oreja de madera y daikon o rábano blanco. En el Terra de Sta. Helena, en donde el chef es japonés pero la comida en su mayoría es mediterránea, el bacalao negro tierno y las bolas de pasta de camarón flotan en el caldo de *shiso*. Estas influencias les han dado a los cocineros caseros no asiáticos un nivel de mayor comodidad con los productos asiáticos.

La presencia creciente de los productos asiáticos en los mercados del Área de la Bahía también se puede atribuir en parte al trabajo de los granjeros de Hmong en el Valle de San Joaquín. En la actualidad, hay cerca de sesenta mil Hmong en el valle, la concentración más grande fuera de Asia, y han aprendido los métodos de cultivo americanos con la ayuda de la Universidad de California. Los granjeros Hmong cultivan fresas y jitomates cereza así como docenas de variedades de verduras asiáticas, como el melón amargo, el lemongrass y el daikon.

Aunque los supermercados venden algunas verduras asiáticas, los compradores pueden encontrar la mejor selección en los mercados asiáticos y los mercados de granjeros en comunidades con una gran población asiática. Los mercados de granjeros en Oakland, Vallejo y El Cerrito y el de Almany en San Francisco son excelentes. También los son la gran cantidad de tiendas de abarrotes en las localidades de Richmond y Sunset de San Francisco, como New May Wah y Sunset Super. El mercado Super Mira, en el Japantown de San Francisco, satisface a los cocineros que buscan productos japoneses tales como la bardana o burdock, los frijoles de soya frescos y el *shiso*. El vibrante Chinatown de Oakland es otro excelente recurso.

HIERBAS ASIÁTICAS

BOK CHOY

EJOTES LARGOS

DAIKONN (RÁBANO
ORIENTAL O JAPONÉS)

HIERBAS ASIÁTICAS

Los mercados del Área de la Bahía surten albahaca tai y cilantro, pero para encontrar la mejor selección de hierbas asiáticas, los compradores van a los mercados asiáticos locales. Ahí, pueden encontrar una amplia selección de hierbas frescas que se necesitan para las recetas asiáticas. Entre las favoritas están: hoja de lima kaffir, hoja kari, *shiso*, y *rau ram*. Las hojas de lima kaffir tienen una fragancia cítrica que resalta el sabor de las sopas tai. La hoja kari u hoja de curry, le agrega aroma a los platillos del sur de la India. El *shiso*, japonés, o perilla, tiene un sabor a menta, y el *rau ram*, que se come crudo, le agrega un sabor a hierba a las ensaladas vietnamitas.

BOK CHOY

El típico bok choy tiene tallos muy blancos, una notable base bulbosa y hojas de color verde intenso. Se pica y se agrega a los sofritos, chow mein, sopa wonton, y otros platillos en los cuales se aprecia su sabor ligeramente amargo. El bok choy de Shanghai, un miembro más pequeño de esta familia, tiene tallos color verde pálido en forma de copa y hojas verdes ligeramente más oscuras. Es un favorito del Área de la Bahía, aun en cocinas no asiáticas, por su forma y suave sabor. Los cocineros lo cortan a la mitad y lo cuecen al vapor o lo agregan a las sopas.

EJOTES LARGOS

Los ejotes verdes, largos y delgados conocidos como ejotes largos, ejotes de una yarda de largo, o ejotes espárrago no son de la misma familia que los ejotes verdes que son tan conocidos por la mayoría de los cocineros occidentales. Los ejotes son parientes de los chícharos black-eyes, aunque los ejotes se comen en la vaina, no fuera de ella. Su sabor es más intenso y sua textura se puede masticar mejor que las habas blue lake o los haricots verts y muchas veces se sofríen, crudos o después de haber sido blanqueados. Se cultivan en climas cálidos, donde se dice que prácticamente se les puede ver crecer. Busque habas o habichuelas con pocas manchas o arrugas.

DAIKON (RÁBANO ORIENTAL O JAPONÉS)

Un tipo de rábano largo, blanco y relativamente suave en sabor, el daikon se adquiere en los supermercados del Área de la Bahía. El nombre es japonés, pero el daikon se utiliza también en otras cocinas asiáticas, especialmente en la coreana. El daikon se puede cocer a fuego lento en sopas y estofados o en salmuera, como el kimchi. Los chefs o cocineros del Área de la Bahía que mezclan el oriente con el occidente lo utilizan frecuentemente en ensaladas.

BERENJENA ASIÁTICA

LEMONGRASS

SOYBEANS

MÉLON AMARGO

BERENJENA ASIÁTICA

Los mercados asiáticos venden berenjenas (aubergines) de notable calidad. Algunas son alargadas y mucho más delgadas que la berenjena redonda occidental. Otras son blancas, redondas y pequeñas, casi del tamaño de un huevo. Algunas berenjenas son verde pálido o tienen rayas verdes y blancas. Otras van desde el color lavanda pálido hasta el morado y negro. Las berenjenas alargadas se pueden usar indistintamente en las recetas.

LEMONGRASS

Un sazonador esencial en los restaurantes asiáticos del sudeste del Área de la Bahía y una hierba muy popular utilizada con gran frecuencia por los chefs no asiáticos, el lemongrass le da un sabor ligeramente cítrico a las sopas, salsas y platillos asados a las brasas. Se parece a una cebollita de cambray larga. Se le debe cortar la parte superior frondosa y áspera y su exterior duro y después rebanarlo finamente o aplastarlo para que suelte su aroma. Los cocineros del Área de la Bahía lo usan para darle sabor a todo tipo de alimentos, desde los callos de hacha hasta una nieve.

SOYBEANS

Conocidos como *edamame* en japonés, los frijoles de soya en su vaina se han popularizado enormemente en las cocinas del Área de la Bahía. Inclusive los supermercados los venden ahora congelados o refrigerados, precocidos y empaquetados. En el verano, se pueden encontrar frescos en los mercados de granjeros o en las tiendas especializadas en alimentos asiáticos. Los frijoles de soya frescos se parecen a los chícharos chinos aunque las vainas de los frijoles de soya son suaves y tienen pelusa y los frijoles en su interior se ven muy pronunciados. Los restaurantes japoneses hierven los frijoles enteros en agua salada y los sirven como botana.

MELÓN AMARGO

Su nombre habla por sí mismo. El melón amargo, que parece un pepino verrugoso y arrugado es indudablemente amargo, debido a la presencia de quinina. Para los occidentales, es un sabor adquirido, pero los comensales chinos lo aprecian por su naturaleza refrescante. Al melón por lo general se le retiran las semillas con la membrana que las rodea, pero no la cáscara. Normalmente, se cocina con ingredientes picantes tales como chiles y frijoles negros salados.

Los misioneros españoles llevaron el primer ganado a California en 1769, iniciando así la industria láctea del estado. Un siglo después, el estado afirma tener 100,000 vacas lecheras, muchas en el área de San Francisco, dando origen a la industria del queso en forma comercial.

QUESO ARTESANAL

Hace un siglo, el condado de Marin era el primer estado lechero por excelencia. Situado justo al norte de San Francisco, la región entonces rural disfrutaba de abundante pasto primaveral, veranos costeros frescos y numerosos clientes urbanos. La Compañía de Queso Francés Marin, establecida en 1865, nos recuerda aquellos días.

Pero el panorama cambió cuando el transporte refrigerado mejoró. A mitad del siglo, enormes lecherías del Valle Central podían entregar en San Francisco leche más barata que las pequeñas lecherías de Marin y Sonoma. Muchos granjeros de lecherías locales vendieron su tierra a los urbanizadores, y la industria del queso en el Área de la Bahía prácticamente se acabó.

Aparece Laura Chenel. A finales de los 70's, deseando generar réditos de su rebaño de cabras del Condado de Sonoma, Chenel fue a Francia a aprender a hacer queso. Cuando regresó, empezó a vender su queso de cabra fresco (chèvres) a los restaurantes locales, que lo compraron gustosamente (página 101).

El éxito de Chenel alentó a otros, y el Área de la Bahía es ahora el hogar de cerca de una docena de artesanos de queso. A diferencia de las lecherías de California que hacen queso como un artículo más, cada una de estas empresas del Área de la Bahía tiene una historia que contar. En la pequeña lechería Andante en Santa Rosa, el fabricante de queso y músico coreano, Soyoung Scanlan le pone a todos sus quesos de leche de cabra y de vaca nombres musicales. Cindy Callahan, abogada, apoyó al negocio de fabricación de queso después de haber comprado algunas ovejas para mantener corta la hierba de pastar en su propiedad campestre. Ahora las Granjas Bellwether, su lechería, es una gran fabricante de quesos de leche de oveja y vaca, entre ellos está Carmody, Crescenza y San Andreas. En Punta Reyes, en la costa Marin, la fabricante de queso Sue Conley produce deliciosos quesos cottage y un exquisito queso triple crema Red Hawk de corteza lavada en la cremería Cowgirl. En la fábrica de queso Joe Matos, Joe y Mary Matos producen con leche de su ganado un queso de vaca añejado al estilo portugués llamado St. George.

Al hablar de la fabricación de queso en el Área de la Bahía no se puede dejar de mencionar a la Vella, cuya compañía de queso Vella, en Sonoma, produce un queso jack seco único, un queso de leche de vaca añejado con una corteza espolvoreada con cacao.

Los compradores pueden encontrar estos quesos locales y una enorme selección internacional de los mejores quesos en los mostradores del Área de la Bahía. Los aficionados compran en el Artisan Cheese de San Francisco, el Cheese Board de Berkeley, Pasta Shops en la Bahía Este y Dean & Deluca de St. Helena.

Ya sea local o llevado desde lejos, el queso fino es una obsesión del Área de la Bahía.

El queso en todas sus variedades es simplemente leche transformada para mantenerse por largo tiempo. Hace muchos años los granjeros aprendieron que coagulando la leche y escurriendo el suero producían un producto lácteo que podía durar semanas o años. Hoy en día, los fabricantes de queso del norte de California utilizan métodos antiguos para producir quesos azules fuertes, quesos aromáticos de corteza lavada, deliciosos triple crema y otros más.

Leche

La leche fresca de alta calidad es el punto de partida para la fabricación del queso artesanal. Por esa razón, algunos fabricantes de queso utilizan únicamente leche de sus propios rebaños, produciendo lo que se conoce como quesos de alquería. Otros compran leche de granjas cercanas. La mayoría utiliza leche de vaca o cabra. La leche de oveja hace un excelente queso, pero las ovejas no dan mucha leche, lo que significa una producción limitada y precios más altos. En el Condado de Sonoma, el Bellwether Farms es uno de los pocos fabricantes de quesos de leche de oveja del área.

Añejando el Queso

Hacer un queso duro capaz de un largo añejamiento requiere técnicas diferentes de aquellas que se usan para el queso fresco. Los quesos destinados para añejar, como el Vella jack seco, necesitan retirar la humedad para acrecentar su tiempo de vida. Sí un fabricante desea fabricar un queso añejado, tomará las medidas para favorecer los cuajos frescos y así sacar más suero.

Los pasos más importantes son: cortar, cocinar y presionar los cuajos. Casi todos los cuajos son cortados antes de moldearlos, pero el tamaño del corte hace la diferencia. Los cuajos grandes retienen más suero, así que para hacer un queso añejado, los cuajos se cortan más chicos. Calentar los cuajos también hace que éstos escurran más suero. Por último, una vez que los cuajos son moldeados, se pueden prensar para sacarles incluso más suero.

Los fabricantes de queso también pueden alargar la vida de un queso alentando el proceso para que se forme una corteza. La corteza protege al queso de moho indeseable mientras le permite soltar humedad y madurar lentamente. Si se frota la rueda de queso con sal, salmuera o aceite vegetal o de olivo (como en el jack seco de Vella) se ayuda a formar una corteza.

Haciendo Queso Mt. Tam

INICIADOR En la cremería Cowgirl en Point Reyes, el queso Mt. Tam se origina creando un iniciador de cultivo de bacteria y leche. Durante la noche, la bacteria se alimenta del azúcar de la leche, lactosa, y produce ácido láctico, haciendo que la leche se cuaje. En la mañana, se agrega este iniciador activo a la leche de vaca local para producir ácido láctico.

MOLDEANDO Una vez que se crean bacterias en la tina, se agrega cuajo. Utilizando una herramienta de alambre, los trabajadores cortan el cuajo y lo agitan para que expulse el suero; posteriormente se saca con un cucharón, se escurre y se lava para ponerlo dentro de los moldes. Los quesos se prensan para extraer más suero y se dejan reposar durante la noche. A la mañana siguiente, se sacan del molde a mano.

SALANDO, SECANDO Y AÑEJANDO Los quesos flotan en un baño de salmuera por un par de horas para sazonarlos y luego son aireados por un día. Finalmente, se llevan a la cámara de añejamiento, para que las enzimas y el moho puedan hacer su trabajo de transformación. Durante las siguientes dos a cuatro semanas, el queso forma una corteza blanca fresca; una textura más cremosa y suave y una completa variedad de sabores.

REDWOOD HILL
FARM CHEVRE

LAURA CHENEL
TAUPINIÈRE

CYPRESS GROVE

PELUSO TELEME

BELLWETHER
FARMS RICOTTA

COWGIRL CREAMERY
RED HAWK

PELUSO TELEME

Giovanni Peluso se inició fabricando Teleme en los años treinta, en Los Banos, para satisfacer la demanda italo-americana de un queso de vaca suave y fresco similar al Stracchino. Su hijo y nieto continúan con el negocio. Fabricado en forma cuadrada y espolvoreado con harina de arroz, el Teleme tiene un sabor fuerte, espumoso parecido al de crème fraîche cuando se saca después de un mes. Si se deja madurar otras dos o cuatro semanas, se hace viscoso, inclusive gotea, y adquiere sabor a hongos o a setas.

BELLWETHER FARMS RICOTTA

Esta pequeña lechería del Condado de Sonoma fabrica dos tipos de queso ricotta: una versión de queso de leche de oveja utilizando leche de su propio rebaño y un ricotta de leche de vaca utilizando leche Jersey de las granjas cercanas. Ambos quesos se hacen con el suero drenado de los quesos añejados de las Granjas Bellwether. Se agrega leche al suero y se calienta, después se coagula con vinagre. Los cuajos suaves y frescos se sacan de la tina con ayuda de un cucharón y se ponen en pequeñas canastas que permiten el escurrimiento, se deja escurrir durante la noche y se vende inmediatamente.

REDWOOD HILL FARM CHEVRE

Este queso fresco, esponjoso y suave hecho de leche de cabra es uno de los diferentes quesos de cabra que se fabrican en esta granja del Condado de Sonoma. Muchos chefs del Área de la Bahía lo usan en sus platillos.

LAURA CHENEL TAUPINIÈRE

Un queso de cabra suave y maduro con una corteza blanca y aterciopelada el queso Taupinière de Laura Chenel se disfrutar en cualquiera de sus etapas; dos semanas antes, cuando deja la lechería del Condado de Sonoma, y 2 meses después. A medida que madura, se hace más seco en su interior, más cremoso y más complejo en sabor.

COWGIRL CREAMERY RED HAWK

Fabricado por la cremería Cowgirl en Point Reyes, el queso Red Hawk es uno de los pocos quesos artesanales de corteza lavada de América. Su fabricante, Sue Conley, utiliza leche de vaca orgánica enriquecida con crema de una lechería cercana. Durante el período de añejamiento, que dura seis semanas, los quesos se lavan repetidamente con salmuera para resaltar el sabor y propiciar el moho de humedad en su superficie. Un Red Hawk maduro tiene una corteza de color naranja dorada; un interior cremoso y de color a mantequilla; y un sabor natural o a especias.

POINT REYES
ORIGINAL BLUE

FISCALINI BANDAGE-
WRAPPED CHEDDAR

MATOS ST. GEORGE

VELLA DRY JACK

CYPRESS GROVE

Mary Keehn estableció Cypress Grove en el Condado Humboldt, al norte de California, en 1984, con el propósito de hacer queso de cabra. Ella fabrica varios tipos de queso ahora, pero la estrella es el Humboldt Fog, una rueda con cubierta y capa central de ceniza. A medida que se añeja, el queso desarrolla una corteza suave y blanca y va madurando de afuera hacia adentro. Un Humboldt Fog maduro es cremoso bajo la corteza pero firme en el centro y es delicioso si se come con pan de nuez.

POINT REYES ORIGINAL BLUE

La familia Giacomini, lecheros del Condado de Marin por largo tiempo, empezaron fabricando queso en el 2000. Su único producto, el Original Blue, hecho con leche bronca de su propio ganado y añejado por lo menos durante seis meses, es el único queso azul artesanal de California. El resultado es cremoso con un sabor fuerte.

MATOS ST. GEORGE

Desde los años 70's, la familia Matos ha fabricado un queso añejo de leche de vaca muy parecido al de su país, las Azores. Utilizando leche de vaca, se añeja durante 3 meses antes de sacarse. El sabor no es demasiado fuerte.

FISCALINI BANDAGE-WRAPPED CHEDDAR

John Fiscalini, un lechero de California de tercera generación originario de Modesto, se inició en la fabricación del queso en el 2001. En sociedad con Mariano González, Fiscalini ahora produce un magnífico queso Cheddar estilo inglés, utilizando su propia leche bronca. Las ruedas jóvenes de 27 k (60 pounds) se envuelven en manta de cielo, la "venda", para dejarles respirar mientras maduran. Una rueda de dieciocho meses tiene un sabor pronunciado a nuez y una textura clásica de queso Cheddar.

VELLA DRY JACK

Un queso de vaca añejado de la Compañía de Queso Sonoma Vella, el jack seco ha ganado innumerables premios. Este queso tiene un firme y dorado interior y una corteza dura espolvoreada con cocoa. El queso seco regular es añejado de siete a diez meses; el Selecto Especial es añejado durante más tiempo, produciendo un queso con un sabor más intenso y duradero. Sirva el jack con aceitunas antes de la cena o con nueces o fruta seca al final de una comida.

El gran letrero de Ghirardelli, con sus letras de cuatro metros y medio de alto, se iluminó por primera vez en 1923. Se oscureció durante los años de la guerra por razones de defensa, ha brillado intensamente desde entonces como símbolo del fabricante de chocolate que más ha operado en América.

CHOCOLATE

En 1849, el italiano Domenico Ghirardelli llegó a California a buscar oro pero se quedó para iniciar un imperio de chocolate. Hoy en día, el Ghirardelli Square, la casa matriz desde 1890 hasta 1960, es un sitio destacado que atrae a millones de turistas cada año. El Chocolate Ghirardelli es ahora propiedad de una firma suiza y los productos son hechos en un suburbio de San Francisco. Sin embargo, la presencia de la compañía altamente visible cimentó la reputación de la ciudad por su chocolate de calidad.

La familia Guittard cooperó a esa imagen estableciendo la fabricación de chocolate en San Francisco en 1868. En la actualidad, el bisnieto del fundador francés Etienne Guittard dirige la compañía. Aumentando el interés creciente por el chocolate fino, Guittard introdujo una línea de chocolate exclusivo bajo el nombre de E. Guittard, llamado así por el fundador de la compañía. Las barras de E.

Guittard tienen mayor concentración de sólidos de cacao, produciendo el rico sabor agridulce que exigen los mejores chefs de repostería Además, la compañía está fabricando chocolates de una sola variedad de cacao, algunas veces de un solo origen. (La mayoría de los chocolates son mezclas de varios).

La historia del chocolate de San Francisco agregó un nuevo capítulo en 1997, cuando dos socios abrieron Scharffen Berger. Robert Steinberg, médico, y John Scharffenberger, dueño de un lagar, nunca habían hecho chocolate de manera comercial antes de lanzar su negocio, pero querían hacer una pequeña cantidad de chocolate del cacao que ellos mismos mezclaron y tostaron. Hoy en día, la compañía provee a los chefs alrededor del país con chocolates altamente aclamados como son el semi-dulce (simple), semi-amargo y chocolate amargo o sin azúcar. Algunos dulceros de renombre también han contribuido

al hábito del chocolate en el Área de la Bahía. Alice Medrich, una respetable maestra de cocina, lanzó al mercado de toda la nación las trufas de chocolate desde los propios escaparates de sus tiendas Cocolat. Joseph Schmidt, un repostero entrenado en Europa, abrió su tienda en el área de Castro en 1983. Sus chocolates fueron un éxito inmediato, especialmente las trufas que tenían forma de huevo y que se convirtieron en la firma de la compañía. Actualmente, sus dulces o confituras se venden en todos los estados de la Unión Americana, pero la tienda original de Castro sigue existiendo. El negocio de Michael Recchiuti originalmente vendía al mayoreo, pero en el 2003 abrió una boutique en el Edificio Ferry de San Francisco. Ahí, los clientes pueden comprar las elegantes cajas de chocolates que edificaron su gran reputación. Estas pequeñas obras de arte incluyen sabores tales como jazmín y lavanda.

Entre las barras de chocolate semi-amargo y las trufas, el chocolate es el sabor favorito de San Francisco.

Una barra de chocolate que se rompe sin desmoronarse, se derrite en la boca suavemente y libera una gama de sabores seductores, es el producto de un proceso de fabricación esmerada. Los productores mundiales del mejor chocolate, entre los que están Scharffen Berger, Ghirardelli, y Guittard en el Área de la Bahía de San Francisco, compran cuidadosamente sus granos y los manejan con habilidad.

Cacao

Los árboles de cacao, el origen del chocolate, crecen en climas ecuatoriales. Brasil, la Costa de Marfil e Indonesia son grandes productores, pero algunos de los mejores granos vienen de Ecuador, Trinidad y Venezuela. Los botánicos han identificado tres principales especies de cacao: criollo, el más fino y raro, produciendo un chocolate excepcional, forastero, una especie resistente a las enfermedades que produce un chocolate menos deseable; y trinitario, un híbrido robusto.

Porcentajes de Cacao

Para atraer al consumidor de chocolate altamente sofisticado, los fabricantes más renombrados ponen en sus etiquetas el porcentaje de contenido de cacao dependiendo de su peso. Una barra de chocolate etiquetada "64 por ciento de cacao" tiene 36 por ciento de alguna otra cosa. ¿Qué otra cosa? El otro ingrediente más usado es el azúcar, pero también contiene un poco de vainilla para darle sabor, una pequeña cantidad de lecitina para darle textura y en el caso de chocolate de leche, leche en polvo. Pero como el cacao es el origen del sabor del chocolate, los conocedores que buscan una experiencia intensa de chocolate deben buscar una barra con un alto contenido de cacao. Entre más alto sea el porcentaje de cacao, tendrá menos azúcar y el chocolate será menos dulce. El chocolate sin edulcorante es 100% cacao.

Estos porcentajes son una mejor guía para el sabor que se obtiene en los términos tales como "dulce amargo" y "semi dulce." Los chocolates americanos pueden ser etiquetados semi amargo con sólo un 35 % de contenido de cacao. Sin embargo, un alto contenido de cacao no es una garantía de calidad. Los granos y los procesos son igual de importantes, o incluso más.

Haciendo Chocolate

RETIRANDO LA PULPA La transformación de los granos en barras es un proceso que toma mucho tiempo. Primero, los granos se fermentan por varios días con su pulpa, la cual se licua y se escurre. Posteriormente se secan los granos, ya sea de manera mecánica o al sol.

TOSTANDO Y TRITURANDO En una fábrica de chocolate, se limpian los granos para retirar los residuos. Posteriormente se tuestan en tambos rodantes, un proceso que requiere la supervisión de un tostador con experiencia. Después, se quiebran los granos de forma mecánica y las vainas u hollejos que no se comen se sacan de las puntas, la parte comestible del grano. Por último, se trituran las puntas para formar una pasta llamada licor de cacao.

MEZCLANDO Y TERMINANDO De acuerdo con la receta, es cuando se agregan el azúcar, vainilla y lecitina, y se amasa la mezcla por horas para adquirir el sabor y textura deseada. Modificando para mejorar la apariencia y textura, moldeando el chocolate y empaquetándolo son los pasos finales.

APPETIZERS

Los aperitivos preferidos de los lugareños de San Francisco reflejan su cara multiétnica. La bruschetta,

las quesadillas y los dumplings chinos rivalizan a diario por atraer la atención de los comensales.

Los ciudadanos de San Francisco van por el mundo en búsqueda apasionada por encontrar aperitivos, reuniendo ideas de la gran cantidad de culturas representadas en esta ciudad internacional. Desde las quesadillas mexicanas y los dim sum chinos hasta las *bruschetta* italianas, todo es permitido en la mente abierta de los comensales de San Francisco a quienes les encanta empezar sus comidas con una variedad de platillos pequeños. No es raro que en muchos de los restaurantes del Área de la Bahía los comensales tengan un festín únicamente con aperitivos, debido a la popularidad de los pequeños y sabrosos platillos que típicamente dan inicio a una comida. Cuando atienden a sus invitados en casa, muchos de los habitantes de San Francisco sirven el primer vaso de vino acompañado de aceitunas que han comprado en alguna tienda pero han marinado ellos mismos.

OYSTERS ON THE HALF SHELL WITH TWO SALSAS

Ostiones en su Concha con Dos Salsas

Los aficionados a los ostiones disfrutan comiéndolos con un condimento ligeramente ácido o amargo: un chorrito de limón o un rocío de mignonette en Francia, una salsa picante de coctel o un toque de salsa Tabasco en Nueva Orleans. Los ostiones que se cultivan en la costa del Pacífico también se benefician si se les sazona para resaltar su sabor sin opacar su gusto ligeramente salado. La salsa cruda preparada con jitomates frescos y la salsa verde hecha con tomatillos verdes frescos, son las dos salsas indispensables de la cocina mexicana. Pero la idea de combinar estas salsas con los ostiones es un concepto californiano, una variación del coctel de mariscos mexicano.

1 Para hacer la salsa cruda, ponga los jitomates, cebolla, chile, cilantro y jugo de limón en un tazón. Mezcle y sazone al gusto con sal. Deje reposar durante 15 minutos antes de usarla para que se mezclen los sabores.

2 Para hacer la *salsa verde,* mezcle los tomates verdes, ajo, chile, cebolla y cilantro en una licuadora. Licúe hasta integrar pero sin que quede totalmente tersa; la salsa debe tener consistencia. Pase a un tazón y sazone con sal. Adelgácela con un poco de agua si fuera necesario.

3 Cubra un platón grande con el hielo molido. Para abrir los ostiones use un cuchillo especial para ostiones de acero inoxidable. Proteja la mano que va a sujetar el ostión con una toalla doblada. Abra uno por uno, deteniendo con su mano la concha superior (es la más plana, en comparación con la inferior que tiene forma de tazón) hacia arriba, con la parte más redondeada de la concha cerca de su dedo pulgar y la parte mas alargada o de la bisagra hacia usted. Inserte la punta del cuchillo en la parte de la bisagra y de vuelta con fuerza hacia arriba para romper la bisagra. Posteriormente, resbale la navaja del cuchillo por la parte interior de la concha superior para cortar el músculo que la fija. Tenga cuidado de no perforar el ostión ni de voltear la concha y perder el líquido. Levante la concha superior y deseche. Pase el cuchillo por debajo del ostión para separarlo del músculo. Ponga el ostión en el platón cubierto de hielo y repita la operación con los demás ostiones. Coloque los tazones de las salsas también sobre el hielo del platón y sirva.

Sirva con una cerveza tipo ale o clara, o con un vino blanco afrutado como el Sauvignon Blanc.

PARA LA SALSA CRUDA

2 jitomates maduros firmes, sin centro, partidos a la mitad, sin semillas (página 187) y picados en cubos pequeños

½ cebolla blanca grande, finamente picada

1 chile serrano, o más al gusto, finamente picado

1½ cucharada de cilantro fresco picado

1½ cucharadita de jugo fresco de limón, o más al gusto

Sal fina de mar

PARA LA SALSA VERDE

250 g (½ lb) de tomatillos verdes, sin piel, lavados y en cuarterones partidos desde la parte del tallo

1 diente de ajo

1 chile serrano

¼ de cebolla blanca, picada grueso

1 cucharada de cilantro fresco picado

Sal fina de mar

Hielo molido para cubrir el platón

36 ostiones

Rinde 6 porciones

Almacén de ostiones Swan

Cuando los lugareños de San Francisco tienen antojo de comer ostiones frescos, muchos de ellos se dirigen a Swan en Polk Street. Una combinación de mercado de pescados y bar de ostiones, el venerable Swan ha sobrevivido a muchos lugares que estuvieron más de moda o fueron más ambiciosos. Los cinco hermanos Sancimino, que son los dueños del almacén, son hijos del pescador siciliano que lo compró en los años cuarenta, y ellos saben que para seguir teniendo éxito no deben cambiar su fórmula. Los veinte bancos del mostrador siempre están ocupados con aficionados a los pescados y mariscos impecablemente frescos.

Siéntese en el mostrador de mármol y pida media docena de ostiones y un vaso de vino blanco. Unte un poco de mantequilla en un trozo de pan agrio y observe a los cocineros rebanar un salmón ahumado o preparar un salmón fresco de mar para ofrecerlo a un cliente.

Después de haber comido los ostiones, pruebe el salmón ahumado aterciopelado o el famoso cangrejo Louis especialidad de la casa. En una ciudad renombrada por estar a la vanguardia en la cocina, el Swan es encantadoramente retro. En los primeros años del Swan, los ostiones locales Olympia eran una gran atracción, pero esa población silvestre se ha perdido debido a la mala calidad de sus aguas, y hoy en día algunas granjas de ostiones como la Hog Island en Tomales Bay proveen a los habitantes de San Francisco con sus ostiones cultivados.

STEAMED SHRIMP DUMPLINGS

Dumplings de Camarón al Vapor

Estos delicados dumplings abiertos se parecen al siu mai y están entre los platillos ofrecidos más populares de los establecimientos chinos del Área de la Bahía. Prácticamente todos los restaurantes sirven siu mai y la mayoría de los clientes considerarían incompleto su té chino sin ellos. El relleno tradicional incluye carne de puerco molida y camarones, pero esta versión pone el énfasis en los camarones. Se necesita una vaporera de fondo plano como las vaporeras chinas de bambú para preparar este platillo. También se necesita una pequeña cantidad de grasa de cerdo; pida a su carnicero unos recortes de grasa o guarde los suyos. Las envolturas siu mai redondas y extra delgadas se consiguen en los mercados chinos.

375 g (¾ lb/12 oz) de camarones grandes (langostinos), sin piel y desvenados (página 187)

30 g (1 oz) de grasa de cerdo en cubos

4 castañas de agua frescas, sin piel y en cuarterones

2 cebollitas de cambray en rebanadas, únicamente las partes blancas y verde pálido

3 rebanadas de jengibre fresco, cada una de 3 mm (⅛ in) de grueso, sin piel

1 diente de ajo grande, rebanado

1 cucharada de jerez seco

1 cucharada de fécula de maíz

Sal fina de mar

½ cucharadita de azúcar

½ cucharadita de aceite de ajonjolí asiático

1 clara de huevo

30 envolturas *siu mai,* de 7.5 cm (3 in) de diámetro

PARA LA SALSA DE REMOJO

½ taza (125 ml/4 fl oz) de salsa de soya

Aceite de chile

Rinde 6 porciones

1 En un procesador de alimentos mezcle los camarones, grasa de cerdo, castañas de agua, cebollitas de cambray, jengibre, ajo, jerez, fécula de maíz, 1½ cucharaditas de sal, azúcar, aceite de ajonjolí y la clara de huevo. Pulse hasta suavizar.

2 Cubra una charola de hornear con papel encerado. Haga 1 envoltura *siu mai* a la vez y deje las otra cubiertas con una toalla para evitar que se sequen. Coloque la envoltura en una superficie de trabajo y ponga aproximadamente 1 cucharada del relleno en el centro. Levante la envoltura con ambas manos y use los pulgares y las yemas de los dedos para formar una tacita alrededor del relleno, sin cerrarla, haciendo pliegues en 8 puntos equidistantes en la envoltura como si fuera el papel de forrar de una mantecada. Ponga el dumpling en las yemas de los dedos de una de sus manos para aplanar el fondo, posteriormente ponga el pulgar y el dedo índice de su otra mano alrededor del dumpling, presionando suavemente hasta hacerle una "cintura". Aplane los pliegues y ayude a que la envoltura se adhiera al relleno. Coloque el dumpling en la charola previamente preparada. Repita la operación con el relleno y las envolturas restantes.

3 En un wok o en otra olla en la cual la vaporera descanse ajustadamente a la orilla, vierta agua hasta una profundidad de aproximadamente 2.5 cm (1 in) y deje hervir sobre fuego alto. Engrase ligeramente el fondo de la vaporera y acomode los dumplings adentro, sin tocarse entre ellos y con el lado del relleno hacia arriba. Quizás tenga que hacerlo en dos tandas. Tape y ponga la vaporera sobre el agua hirviendo. Reduzca a fuego medio y deje al vapor de 10 a 20 minutos, hasta que el relleno esté firme y la envoltura esté cocida, poniendo más agua hirviendo si fuera necesario.

4 Mientras se cocinan los dumplings, haga la salsa de remojo. Mezcle en un pequeño tazón la salsa de soya con el aceite de chile al gusto. Divida en 6 tazoncitos, si es que los tiene, o ponga la salsa en una vinagrera.

5 Lleve los dumplings a la mesa en la vaporera y sirva de inmediato con la salsa de remojo.

Sirva con un vino blanco semi seco como el Riesling o el Gewürztraminer.

GRILLED ASPARAGUS WITH PARMESAN AND ORANGE-FLAVORED OLIVE OIL

Espárragos a la Parrilla con Parmesano y Aceite de Oliva a la Naranja

Algunos fabricantes de aceite de oliva californiano, inspirados por los productores toscanos, hacen aceites especiales mezclando las aceitunas con varios cítricos. En los estantes de las tiendas gourmet se pueden encontrar aceites perfumados con limón, lima, naranja, naranja sangría y otros más. Los espárragos asados con aceite de naranja son una combinación particularmente exitosa. Los espárragos se blanquean y posteriormente se asan en un asador caliente. Las principales zonas de cultivo de espárragos en California, el Valle de San Joaquín y el Valle de Salinas, están lo suficientemente cercanas a San Francisco para que las puntas de espárragos estén inmaculadas cuando llegan a la ciudad. Las puntas varían de tamaño, desde las delgadas como lápices hasta las gigantes, pero son igualmente suaves.

1 Sujete un espárrago con las dos manos y, cerca de la parte baja, doble hasta que truene y se separe naturalmente en el punto que está duro. Deseche la parte dura. Repita la operación con los demás espárragos.

2 En una olla grande hierva tres cuartas partes de agua sobre fuego alto. Sale el agua hirviendo, añada los espárragos y hierva justo hasta que pierdan su sabor crudo, de 1½ a 2 minutos para espárragos de tamaño mediano. Escurra y sumerja en un tazón de agua con hielo para detener el cocimiento. Escurra una vez más y seque con una toalla de papel.

3 Prepare un asador de carbón o de gas para asarlos directamente sobre fuego alto. Si la parrilla del asador es ajustable, colóquela a 7.5 cm (3 in) sobre el fuego.

4 Cubra los espárragos uniformemente con el aceite de oliva extra virgen y sazone con la sal de mar.

Colóquelos transversalmente sobre las rejas de la parrilla. Cocine hasta que estén ampollados y ligeramente quemados en la parte inferior; voltee usando unas pinzas y cocine por el otro lado hasta que estén ampollados y ligeramente quemados. El tiempo total de cocimiento es de 3 a 5 minutos, dependiendo del calor del fuego.

5 Pase los espárragos al platón de servir. Rocíe con el aceite de oliva sabor naranja y sacuda suavemente. Use un pelador de verduras o un rallador de queso, para rebanar 60 g (2 oz) de queso en láminas; coloque sobre los espárragos. Mezcle suavemente para no romper las láminas de queso. Sirva inmediatamente.

Sirva con un vino blanco ligero como el Sauvignon Blanc o un jerez seco.

---

1 kg (2 lb) de espárragos

Sal fina de mar

1 cucharada de aceite de oliva extra virgen

1½ cucharadita de aceite de oliva sabor naranja

Queso Parmigiano-Reggiano en trozo

Rinde 4 porciones

ARTICHOKE AND LEEK FRITTATA

Frittata de Alcachofas y Poro

Los clientes de las tiendas especializadas en alimentos italianos de San Francisco, maniobran pasando entre los montones de aceite de oliva y las repisas llenas con pasta seca importada, con el fin de encontrar las gruesas frittatas listas para rebanarse y llevarse a casa. La frittata es fácil de hacer en casa, requiere menos habilidad que una omelet y permite tener más tiempo libre. Incluso, la frittata sabe tan buena a temperatura ambiente como recién salida de la sartén. La frittata restante del día anterior, puede rebanarse y ponerse en capas en una baguette con un poco de mayonesa para preparar un bocadillo delicioso. Las granjas de alcachofas del cercano condado de Monterey cosechan la mayor parte del año, pero la primavera es su temporada pico.

Jugo de 1 limón

8 alcachofas pequeñas de 60 g (2 oz) cada una

Sal fina de mar y pimienta recién molida

2 cucharadas de mantequilla sin sal

2 tazas (185 g/6 oz) de poro finamente rebanado, solamente las partes blancas y verde pálido (2 ó 3 poros de tamaño mediano)

6 huevos

¼ taza (30 g/1 oz) de queso Parmesano rallado

2 cucharadas de perejil liso (italiano) fresco, finamente picado

Rinde 4 porciones

1 Llene un tazón con agua fría y añada el jugo de limón. Trabajando con una alcachofa a la vez, jale las hojas duras del exterior hasta que se separen de la base. Siga retirando las hojas hasta llegar al corazón suave y verde pálido. Corte cerca de 6 mm (¼ in) de la parte superior del corazón para retirar las puntitas de las hojas. Pele el tallo y recorte la base para retirar cualquier parte verde oscura. Ponga inmediatamente el corazón en el agua con jugo de limón para evitar que se oscurezca. Repita la operación con las demás alcachofas.

2 Hierva en una olla grande tres cuartas partes de agua sobre fuego alto. Sale el agua hirviendo. Escurra los corazones de alcachofas ya recortados y añada al agua hirviendo. Hierva aproximadamente de 5 a 7 minutos hasta que estén suaves al picarlos con un cuchillo. Escurra y pase a un tazón de agua con hielos; cuando se enfríen, escurra otra vez. Corte las alcachofas a la mitad a lo largo, posteriormente corte una vez más a lo largo en rebanadas de 6 mm (¼ in) de grueso. Seque con una toalla de cocina.

3 Derrita la mantequilla en una sartén antiadherente de 25 cm (10 in) sobre fuego medio-bajo. Añada los poros y cocine revolviendo ocasionalmente hasta suavizar, cerca de 10 a 12 minutos. Agregue las alcachofas, sazone con sal y pimienta y cocine las verduras durante 2 minutos para que se impregne la sazón.

4 Bata los huevos en un tazón con el Parmesano y el perejil hasta mezclar. Añada la mezcla del huevo a la sartén y mezcle durante unos segundos para distribuir las verduras uniformemente. Reduzca el fuego y cocine lentamente sin tapar de 15 a 20 minutos, hasta que los huevos estén casi completamente hechos. Los huevos pueden estar todavía un poco tiernos en el centro.

5 Mientras se están cocinando los huevos, precaliente el asador del horno y coloque la parrilla aproximadamente a 20 cm (8 in) de la fuente de calor. Cuando los huevos estén listos, pase la sartén al asador y ase hasta que la parte superior esté un poco dorada y el centro esté firme al tacto. Retire del horno, despegue las orillas de la frittata usando una espátula de plástico y pase a un platón. Sirva la frittata tibia, no caliente. Corte en rebanadas.

Sirva con un vino blanco ligero como el Chenin Blanc o con un vino espumoso.

SALMON TARTARE WITH CRÈME FRAÎCHE AND SALMON ROE

Tártara de Salmón con Crème Fraîche y Huevos de Salmón

El salmón rey (Chinook) de la costa de California Norte, que se pesca durante el verano, es considerado por muchos como el salmón más sabroso de todas las especies. Ciertamente los cocineros y comensales del Área de la Bahía esperan con ansia la llegada de esta especialidad local cada año. Aunque muchos cocineros no considerarían prepararlo de otra manera que no fuera a la parrilla, este pescado tan cotizado con su alto contenido de grasa puede convertirse en un platillo delicioso al estilo tártara: un platillo crudo inspirado en el clásico filete tártara. Si el salmón del mar no está en temporada o no lo encuentra, este platillo se puede preparar con salmón de criadero.

1 Para hacer el aderezo, bata en un pequeño tazón la crème fraîche, jugo de limón, chalote y Cognac. Sazone al gusto con sal y pimienta.

2 Para retirar la piel y las espinas del filete de salmón, pida a su pescadero que lo haga o hágalo usted mismo. Usando unas pinzas puntiagudas, jale las espinas delgadas del filete (puede sentirlas si pasa sus dedos sobre la superficie). Resbale un cuchillo delgado y filoso por la parte lateral del filete, entre la piel y la carne. Sujete la piel con una mano y jale suavemente mientras resbala el cuchillo por debajo de la carne para retirar la piel.

3 Corte el salmón con un cuchillo filoso en cubos de 6 mm (¼ in). Pase a un tazón previamente enfriado y añada el aderezo. Mezcle ligeramente.

4 Divida el salmón en platos individuales fríos. Adorne cada porción con 1 cucharada de huevos de salmón y con el cebollín. Sirva de inmediato.

Sirva con un vino espumoso seco o con Champagne.

Nota: El salmón del Pacífico puede albergar parásitos que pueden ocasionar alguna enfermedad si no está completamente cocido. Los compradores astutos compran únicamente en los mercados de calidad en donde los pescadores que les abastecen limpian inmediatamente el pescado al llegar a puerto, lo cual minimiza pero no elimina el riesgo. Siempre inspeccione visualmente el salmón rey concienzudamente antes de usarlo para la tártara.

PARA EL ADEREZO

5 cucharadas (75 g/2½ oz) de crème fraîche (página 185)

2 cucharadas de jugo de limón fresco

1 chalote grande, finamente picado

1 cucharada de Cognac o brandy

Sal fina de mar y pimienta molida grueso

¼ taza (90 g/3 oz) de huevos de salmón

2 cucharadas de cebollín fresco finamente rebanado

Rinde 4 porciones

Vinos Espumosos

En los años ochenta, el vino espumoso californiano no era una bebida que los amantes del vino tomaran en serio; los conocedores compraban Champagne francés. Hoy en día, gracias a varios pioneros, los vinos espumosos de California compiten con los del resto del mundo. Durante las catas vencen frecuentemente a sus contrapartes francesas.

En 1965 en el Valle de Napa, Jack y Jamie Davies revolucionaron los vinos espumosos con su Schramsberg Blanc de Blancs hecho de uvas Chardonnay. (Los vinos espumosos del estado previamente se hacían con variedades menos distinguidas). Como consecuencia, varias compañías francesas se establecieron en California, entre ellas Champagne Taittinger (Domaine Carneros), Moet et Chandon (Domain Chandon) y Champagne Roderer (Roderer Estate). Más productores americanos, como Iron Horse and J Wine Company imitaron a los Davies creando calidad. Todos estos productores utilizan el *méthode champenoise* que depende de una segunda fermentación en la botella para producir las burbujas. Con este meticuloso proceso y las uvas de clima fresco, las compañías vitivinícolas han validado el potencial de California para hacer vino espumoso de calidad.

BRUSCHETTA WITH CHERRY TOMATOES
Bruschetta con Jitomates Cereza

El entusiasmo con el que los lugareños han aceptado la bruschetta, es una señal de la afinidad que existe entre Italia y el Área de la Bahía. Son rebanadas gruesas de pan tostado cubiertas con varios ingredientes sabrosos que se sirven como aperitivo. Hay algunos que no lo saben pronunciar (se dice brusketa), pero los comensales en los restaurantes saben que las bruschette, como se dice en plural, harán que el inicio de la comida sea festivo e informal. Los jitomates maduros y jugosos son los principales ingredientes de la bruschetta favorita del Área de la Bahía, en donde la gente es tan apasionada por los jitomates que la mayoría conoce el nombre de la variedad que más le gusta. Los jitomates Sweet 100 y Sungold cherry tienen muchos admiradores por su diminuto tamaño y su sabor adulzado.

250 g (½ lb) de jitomates cereza pequeños, de preferencia rojos y amarillos partidos a la mitad o en cuarterones

2 cucharadas de aceite de oliva extra virgen

Sal fina de mar y pimienta recién molida

½ taza (125 g/4 oz) de queso ricotta de leche entera

6 rebanadas de pan bolillo o baguette del día anterior, cada una de 10 cm (4 in) de largo, 7.5 cm (3 in) de ancho, y 12 mm (½ in) de grueso

1 diente de ajo partido a la mitad

1 cucharada de albahaca fresca picada

Rinde 6 porciones

1 Prepare un asador de carbón o gas para asar directamente sobre fuego medio. Si se desea, precaliente el asador del horno.

2 Mezcle en un tazón los jitomates cereza y el aceite de oliva. Sazone al gusto con sal. Deje reposar durante 30 minutos para que salga el jugo de los jitomates.

3 Bata en un tazón pequeño el queso ricotta hasta suavizar. Sazone al gusto con sal y pimienta.

4 Ponga las rebanadas de pan sobre la parrilla y ase volteándolas una vez hasta que estén doradas por ambos lados. Si decide usar el horno, coloque las rebanadas de pan en una charola para hornear y tueste volteando una vez hasta que estén doradas por ambos lados. Retire del asador o del horno e inmediatamente frote un lado de cada rebanada con el lado cortado de la mitad del ajo.

5 Divida el queso ricotta entre las rebanadas tostadas untándolo uniformemente en una capa. Integre la albahaca con los jitomates y usando una cuchara ponga los jitomates y su jugo sobre el pan. Sirva de inmediato.

Sirva con un vino blanco fresco como el Sauvignon Blanc o Pinot Grigio.

QUESADILLAS WITH CHORIZO AND JACK CHEESE

Quesadillas con Chorizo y Queso

Las taquerías que tienen más éxito en el distrito de la Misión de San Francisco y las que están a lo largo del International Boulevard de Oakland atraen a una clientela multicultural. Los burritos gruesos, los tacos suaves y las quesadillas dejan satisfechos a los comensales que buscan un almuerzo rápido o una comida sabrosa y económica. Esta receta usa el chorizo mexicano, que es similar a una salchicha de puerco sin curtir, sazonada con chiles secos y vinagre y queso tipo Monterey jack o queso Oaxaca, que es un estilo de queso mexicano parecido al mozzarella. Añada unas rebanadas de chiles jalapeños para agregar un poco de picante o sustituya el chorizo con unas tiras asadas de chiles Anaheim para obtener una deliciosa variación vegetariana.

1 Fría el chorizo en una sartén sobre fuego medio-bajo desbaratándolo con un tenedor y cocine cerca de 5 a 10 minutos, hasta que la carne esté cocida. Escurra el chorizo en un colador retirando la grasa. Pruebe el chorizo y si no está suficientemente picante para su gusto, pase a un tazón e integre el chile chipotle al gusto.

2 Ponga una sartén de 30 cm (12 in) sobre fuego medio. Añada 1 cucharadita del aceite de canola y mueva hasta que cubra la sartén. Cuando el aceite esté caliente, ponga una tortilla en la sartén. Espolvoree la mitad de la superficie (una media luna) con una cuarta parte del queso cuidando que no se salga de la tortilla para que no se derrita en la sartén. Cubra el queso con una cuarta parte del chorizo y 2 cucharadas del cilantro. Doble la mitad de la tortilla sin cubrir sobre el relleno y presione suavemente, luego coloque la tortilla doblada en el centro de la sartén. Cocine cerca de 30 segundos, hasta que esté ligeramente dorada por la parte inferior. Voltee cuidadosamente usando unas pinzas y cocine por el otro lado de 30 a 60 segundos más, hasta que esté ligeramente dorada y el queso se haya derretido.

3 Pásela a una tabla de picar, córtela en trozos y sirva muy caliente. Repita la operación con los demás ingredientes, añadiendo una cucharadita de aceite a la sartén antes de agregar cada tortilla.

Sirva con Margaritas.

250 g (½ lb) de chorizo mexicano, sin la envoltura

Chile chipotle adobado, finamente picado (opcional)

4 cucharaditas de aceite de canola o vegetal

4 tortillas de harina, cada una de 23 cm (9 in) de diámetro aproximadamente

250 g (½ lb) de queso Monterey jack o queso Oaxaca, rallado

½ taza (20 g/¾ oz) de cilantro fresco picado grueso

Rinde 4 porciones

ROASTED PEPPERS WITH CAPERS AND ANCHOVIES

Pimientos Asados con Alcaparras y Anchoas

El viento del verano lleva a los mercados de los granjeros del Área de la Bahía una explosión de color cuando los pimientos se maduran en espléndidos tonos escarlata, anaranjado y dorado. En algunos mercados, el marchante los pone a asar sobre una llama de fuego, perfumando el aire con su humeante aroma. Sin piel y en rebanadas, los pimientos absorben todo el sabor de su aderezo, en este caso una vinagreta de anchoas y alcaparras. Sirva como primer plato o como un acompañamiento para pollo rostizado o pez espada asado y tenga a la mano un poco de pan para untar su jugo. Elija pimientos que se sientan pesados, lo cual indica que están carnosos. Evite aquellos que tengan partes suaves o piel marchita.

6 pimientos grandes (capsicums) de piel gruesa preferiblemente 2 de cada color, rojos, amarillos (dorados) y verdes

2 cucharadas de aceite de oliva extra virgen

1 diente de ajo grande, finamente picado

6 filetes de anchoa carnosos, finamente picados hasta formar una pasta

1½ cucharadas de alcaparras empacadas en sal, enjuagadas, secas con una toalla de cocina y picadas

2 cucharaditas de vinagre de jerez

Sal fina de mar

Rinde 4 porciones

1 Precaliente el asador. Cubra una charola de hornear con papel aluminio para facilitar la limpieza.

2 Acomode los pimientos en la charola ya preparada. Ponga la charola a 15 cm (6 in) debajo de la fuente de calor. Ase y voltee conforme sea necesario hasta que todos los lados queden quemados. Reserve hasta que ya estén suficientemente fríos y pueda tocarlos, retire la piel y todos los restos de la piel chamuscada. No enjuague los pimientos. Parta a la mitad y retire el tallo y las semillas y desvene. Corte los pimientos a lo largo en tiras de 12 mm (½ in) de ancho, reservando su jugo. Pase los pimientos y el jugo a un tazón.

3 Caliente el aceite de oliva en una sartén grande sobre fuego medio-bajo. Añada el ajo y saltee brevemente para que suelte su fragancia. Añada los pimientos y su jugo. Mezcle para cubrir con el aderezo y cocine cerca de 2 minutos, hasta que estén completamente calientes. Integre las anchoas y las alcaparras y retire del fuego.

4 Pase a un platón de servir, deje enfriar brevemente e integre el vinagre y sazone con sal al gusto. Sirva los pimientos a temperatura ambiente.

Sirva con un vino rosado seco.

MARINATED OLIVES WITH GARLIC, THYME, AND ORANGE ZEST

Aceitunas Marinadas con Ajo, Tomillo y Ralladura de Naranja

En los condados de Napa y Sonoma, los olivos han incrementado su popularidad en el paisaje. Muchas personas plantan olivos alrededor de sus casas nuevas para crear un ambiente mediterráneo; algunos otros heredan los árboles maduros. Recoger la cosecha en el otoño tardío se convierte en un ritual anual que hace que los preciosos frascos se puedan llenar de aceitunas brillantes para dar como regalo o para abrir con los invitados. Para los que no tienen sus propios olivos, las aceitunas compradas en la tienda pueden resaltar su sabor con esta aromática marinada. Una combinación de aceitunas verdes y negras es la más atractiva, pero cualquier variedad que no haya sido sazonada puede servir.

1 En un tazón, mezcle las aceitunas, aceite de oliva, ajo, tomillo y ralladura de naranja hasta integrar. Tape y deje marinar a temperatura ambiente de 24 a 36 horas, moviendo ocasionalmente.

2 Sirva las aceitunas a temperatura ambiente. Se conservan refrigeradas durante varios días, pero deje reposar a temperatura ambiente antes de servir.

Sirva con un vino tinto especiado como el Zinfandel o uno rosado seco.

¾ taza (125 g/4 oz) de aceitunas Picholine

¾ taza (125 g/4 oz) de aceitunas Niçoise

⅓ taza (80 ml/3 fl/oz) de aceite de oliva extra virgen

1 diente de ajo, finamente picado

1 cucharadita de tomillo fresco finamente picado

¾ cucharadita de ralladura de naranja

Rinde 6 porciones

Bares de Vinos

Para los amantes del vino, San Francisco es probablemente la mejor ciudad del mundo. Los vinos internacionales están muy bien representados en las vinaterías y restaurantes y la selección de los vinos californianos es mejor que ninguna. Esta selección de riqueza incomparable se ofrece todas las noches en los bares de vinos de la ciudad. Estos establecimientos ofrecen la oportunidad de probar vinos que son difíciles de encontrar, botellas viejas o una selección que es inasequible de comprar excepto por copeo. Los bares de vinos generalmente organizan catas para permitir a sus clientes comparar, por ejemplo, cuatro Rieslings de diferentes países.

En el bar EOS el encargado de los vinos organiza 10 catas diferentes a la semana, como una de vinos espumosos y una de los "tintos más jugosos". El bar First Crush, cerca de Union Square, afirma que tiene la lista de vinos californianos más grande de la ciudad. Bacar en el distrito SoMa tiene fama por su cava (vea fotografía superior). El London Wine Bar en el distrito financiero de San Francisco, inaugurado en 1974, presume de ser el bar de vinos más antiguo de los Estados Unidos teniendo cerca de dos docenas de vino por copeo. En Hayes & Vine la lista de vinos incluye más de mil doscientos vinos.

SOUPS AND SALADS

Los cocineros la Bahía prefieren las sopas y ensaladas que representan a cada estación, usando

los productos frescos de granja y los distintos mariscos que se obtienen durante todo el año.

Los habitantes de San Francisco admiran las sopas y ensaladas que demuestran la imaginación del cocinero y respetan los productos locales y los mariscos. Frecuentemente las ensaladas del Área de la Bahía son de colores llamativos, ya sea una sencilla mezcla de jitomates heirloom rebanados con trocitos de queso azul o una composición artística de betabeles, hinojo, aguacate y ricotta salata. El fácil acceso a una extraordinaria variedad de verduras de temporada inspira a hacer muchas combinaciones como el mesclun (combinación de lechugas tiernas) con queso de cabra tibio o chicorias con naranjas sangría e hinojo. Las sopas también cambian según las estaciones, mostrando jitomates en el verano, calabazas en el otoño y los preciados cangrejos Dungeness en un copioso cioppino de invierno.

FARMERS' MARKET GREENS WITH BAKED GOAT CHEESE TOASTS

Hortalizas con Pan y Queso de Cabra Horneado

El queso de cabra horneado servido tibio sobre una cama de lechugas tiernas es un platillo que siempre se ha ofrecido en el menú del Chez Panisse Café. Aunque hoy en día el queso de cabra es muy conocido, a principios de los años ochenta era una novedad cuando Laura Chenel, una novata en la fabricación de quesos en el condado de Sonoma, le ofreció a la dueña del Chez Panisse, Alice Waters, unas muestras de su queso de cabra fresco. Waters inmediatamente le pidió una orden y Chenel desde entonces ha sido una de las lideresas en la fabricación de queso de cabra en los Estados Unidos. Esta relación de amistad ejemplifica el apoyo que Chez Panisse ha otorgado a los granjeros y productores de alimentos locales.

1 Para hacer la vinagreta mezcle en un pequeño tazón el vinagre, chalote y una generosa pizca de sal; deje reposar durante 30 minutos para que el sabor del chalote se suavice. Integre el aceite de oliva. Sazone con pimienta al gusto y añada más sal si fuera necesario.

2 Precaliente el horno a 220°C (425°F). Barnice las rebanadas de pan baguette por ambos lados con 1 cucharada de aceite de oliva. Hornee de 6 a 8 minutos, hasta que estén ligeramente doradas. Deje enfriar. Al enfriarse se harán crujientes. Reduzca la temperatura del horno a 180°C (350°F).

3 Engrase ligeramente con aceite un refractario pequeño y agregue el queso de cabra. Espolvoree con el tomillo y rocíe con la 1½ cucharada restante de aceite de oliva. Hornee cerca de 10 minutos, hasta que el queso de cabra esté suave y se mueva al tocarlo.

4 Mientras se hornea el queso de cabra, mezcle las hortalizas con la vinagreta en un tazón. Pruebe y rectifique la sazón. Divida las hortalizas entre los platos individuales para ensalada. Si usa flores comestibles, divida y reparta uniformemente sobre las hortalizas.

5 Unte el queso tibio sobre el pan tostado, dividiéndolo uniformemente. Acomode 3 rebanadas de pan tostado en cada plato y sirva la ensalada inmediatamente.

Sirva con un vino blanco ligero frío como el Chenin Blanc o Fumé Blanc.

PARA LA VINAGRETA

1 cucharada de vinagre de Champagne

1 chalote, finamente picado (cerca de 2 cucharadas)

Sal fina de mar y pimienta recién molida

3 cucharadas de aceite de oliva extra virgen

12 rebanadas delgadas de pan baguette cortadas en diagonal

1½ cucharada de aceite de oliva extra virgen

125 g (¼ lb) de queso de cabra fresco sin ceniza, a temperatura ambiente

1 cucharadita de tomillo fresco picado grueso

185 g (6 oz) de hortalizas mixtas pequeñas para ensalada

½ taza (30 g/1 oz) aproximadamente de flores comestibles sin fertilizantes y empacadas holgadamente, como mastuerzos, margaritas, o flores de cebollín (opcional)

Rinde 4 porciones

BUTTERNUT SQUASH SOUP WITH CHIPOTLE CHILES AND CREMA

Sopa de Calabaza con Chipotle y Crema

El escénico Valle Alexander en el condado de Sonoma atrae a muchos ciclistas y amantes del vino durante los fines de semana y algunos de ellos compran un refrigerio en la tienda retro Jimtown cerca de Healdsburg. La dueña Carrie Brown prepara creativamente sándwiches y sopas, incluyendo la sopa de calabaza de influencia latina que fue la inspiración de esta receta. En Healdsburg hay una gran población latina, por lo que no es de sorprenderse que ingredientes como chiles chipotles y crema mexicana hayan aparecido en muchas de las cocinas locales. En cualquier mercado mexicano se puede encontrar crema. Es similar a la crème fraîche, espesa y de cultivo con un ligero sabor ácido. Se puede sustituir por crema ácida.

1 calabaza butternut de 1.5 kg (3 lb)

3 cucharadas de aceite de oliva

1 cucharadita de semillas de comino

1 cebolla blanca grande, finamente picada

2 dientes grandes de ajo, finamente picados

5 tazas (1.25 l/40 fl oz) de consomé de pollo ligero, o la misma cantidad de caldo de pollo enlatado bajo en sodio y agua, o más si fuera necesario

½ ó 1 chile chipotle en salsa de adobo, finamente picado

Sal fina de mar

½ taza (125 g/4 oz) de *crema* mexicana o crema ácida

¼ taza (10 g/⅓ oz) de cilantro fresco picado grueso)

Rinde de 6 a 8 porciones

1 Precaliente el horno a 190°C (375°F). Corte la calabaza en 8 partes iguales, retire las semillas y los hilos de la cavidad. Cubra con una cucharada de aceite de oliva un refractario lo suficientemente grande para dar cabida a todos los trozos de la calabaza en una sola capa. Coloque los trozos en el refractario con el lado cortado hacia abajo. Tape y hornee cerca de 50 minutos, hasta que se sientan suaves al picarlos con la punta de un cuchillo. Deje enfriar completamente.

2 En una sartén pequeña sobre fuego medio-bajo tueste las semillas de comino cerca de 5 minutos, hasta que despidan un olor agradable y empiecen a dorarse. Pase a un mortero o molcajete y muela con la mano del mortero hasta que estén finamente molidas.

3 Caliente las 2 cucharadas restantes de aceite de oliva en una olla grande sobre fuego medio-bajo. Añada la cebolla y saltee cerca de 10 minutos moviendo frecuentemente hasta suavizar. Añada el ajo y el comino y saltee brevemente hasta que el ajo suelte su aroma.

4 Mientras la cebolla se está cocinando, raspe la pulpa de la calabaza desechando la cáscara. Añada la pulpa de la calabaza a la olla con las 5 tazas del caldo. Integre el chile al gusto; probablemente menos de uno entero. Hierva la mezcla lentamente sobre fuego medio, ajuste el fuego para mantener un leve hervor y cocine durante 5 minutos para combinar los sabores.

5 En un procesador de alimentos, trabajando en tandas, haga un puré con la sopa hasta que esté completamente tersa. Vierta la sopa en una olla limpia y caliente a fuego medio hasta que esté lista para servir, diluyéndola con más caldo o con agua si lo desea. Sazone con sal al gusto.

6 Divida la sopa entre los tazones individuales precalentados. Bata la *crema* con agua para hacerla lo suficientemente delgada y vierta finamente sobre cada plato. Adorne con cilantro y sirva de inmediato.

Sirva con un vino blanco semi-seco como el Riesling o una cerveza ligera.

CRACKED CRAB WITH MEYER LEMON VINAIGRETTE

Cangrejo con Vinagreta de Limón Meyer

Los residentes de San Francisco son tan devotos a los cangrejos Dungeness de la costa oeste, como los residentes de Maine a la langosta. La pesca local generalmente llega a su punto en Diciembre y Enero, justamente a tiempo para servirse en las mesas de las fiestas decembrinas. A pesar de que muchos mercados ofrecen los cangrejos Dungeness recién cocidos, los puristas prefieren hervir los suyos. Algunas personas usan solamente agua con sal; otras añaden al líquido verduras y sazonadores. Los cangrejos son deliciosos recién salidos de la olla, pero un baño lento en una marinada no les hace daño. Los limones Meyer dan a la marinada una fragancia particularmente fuerte, pero se pueden sustituir por los conocidos limones Eureka. Estos últimos son más ácidos, por lo que se necesita menos jugo.

1 Para hacer el court bouillon o caldo de cocimiento, mezcle en una olla grande las cebollas, apio, zanahoria, hoja de laurel, granos de pimienta, sal, vino y 8 l (8 qt) de agua. Hierva sobre fuego alto. Reduzca el fuego para mantener un hervor constante y cocine sin tapar durante 20 minutos.

2 Mientras el caldo hierve lentamente, haga la marinada: bata en un tazón grande el aceite de oliva, jugo de limón, perejil y ajo. Sazone con sal al gusto

3 Vuelva a hervir el caldo a fuego alto. Añada los cangrejos, tape y cocine durante 20 minutos después de que el agua haya hervido (menos tiempo si los cangrejos pesan menos de 1 kg). Saque del caldo y deje enfriar.

4 Gire y separe las garras y las patas del cangrejo y reserve. Sujetando cada cangrejo por la parte inferior, levante y deseche la dura concha superior. Voltee el cangrejo; levante y deseche la cola triangular saliente. Quite y deseche las agallas grises de tipo emplumado que tiene a lo largo de ambos lados.

5 Usando un cuchillo pesado o una tajadera, parta el cuerpo en cuatro partes. Si fuera necesario, enjuague las partes muy rápidamente para retirar la sustancia mantecosa de color amarillo. Parta cuidadosamente las garras y las patas con un cascanueces o un mazo y coloque en la marinada junto con la carne partida en cuarterones. Mezcle con una espátula y deje marinar a temperatura ambiente durante 1 hora, moviendo ocasionalmente.

6 Si lo desea, tape y refrigere el cangrejo hasta por 8 horas, moviendo ocasionalmente.

7 Sirva el cangrejo a temperatura ambiente o si ha sido refrigerado, sirva frío. Dé a cada comensal un cascanueces y un pequeño tazón para las conchas.

Sirva con un rico vino blanco joven como el Chardonnay o un Chablis Francés.

PARA EL COURT BOUILLON

2 cebollas amarillas o blancas, partidas a la mitad y finamente rebanadas

2 tallos de apio, cortados en trozos de 2.5 cm (1 in)

1 zanahoria, cortada en trozos de 2.5 cm (1 in)

1 hoja de laurel

12 granos de pimienta

½ taza (125 g/4 oz) de sal fina de mar

1 botella (750 ml/24 fl oz) de vino blanco seco

PARA LA MARINADA

½ taza (125 ml/4 fl oz) de aceite de oliva extra virgen

¼ taza (60 ml/2 fl oz) de jugo de limones Meyer frescos

3 cucharadas de perejil liso (italiano) fresco, finamente picado

1 diente de ajo grande, finamente picado

Sal fina de mar

2 cangrejos Dungeness vivos y grandes de aproximadamente 1 kg (2 lb) cada uno

Rinde 4 porciones

THAI HOT-AND-SOUR SOUP
Sopa Tai Agri-Picante

Los innumerables restaurantes tai en San Francisco son una opción económica para salir a cenar. En un típico viernes por la noche, los restaurantes tai están llenos de los lugareños que disfrutan de un pato al curry rojo, pad tai (pasta frita), ensalada de papaya verde, y de otros platillos que uno pensaría que nunca los podría hacer. La sopa de camarón agri-picante, una de las favoritas, aparece virtualmente en todos los menús y no es difícil de hacer en casa a diferencia de los complicados curries. Gracias a la proliferación de los mercados asiáticos y a la sección de productos asiáticos en el supermercado, los residentes del Área de la Bahía, no tienen que ir lejos para encontrar los ingredientes esenciales para preparar esta aromática sopa.

375 g (¾ lb) de camarones grandes frescos (langostinos), sin piel y desvenados (página 187) con los segmentos de la cola intactos, reservando sus pieles

3 tallos de lemongrass

5 rebanadas delgadas de galangal (página 186), de 6 mm (¼ in) de grueso

3 hojas de lima kaffir frescas o secas (página 62)

2 cucharadas de salsa de pescado tai o vietnamita

155 g (⅓ lb/5 oz) de hongos blancos frescos, cepillados y limpios, puntas cortadas de los tallos y botones en cuarterones

1 jitomate sin piel (página 187), sin centro y cortado en rebanadas delgadas

¼ de cebolla amarilla o blanca pequeña, cortada a lo largo en rajas muy delgadas

4 cucharaditas de pasta asada de chile tai (página 187)

2 pequeños chiles tai o serranos, rojos o verdes, frescos

¼ taza (60 ml/2 fl oz) de jugo de limón fresco, o más al gusto

¼ taza (10 g/⅓ oz) de cilantro fresco picado

Rinde 6 porciones

1 En una olla coloque las pieles de los camarones con 5 tazas (1.25 l/40 fl oz) de agua. Deseche la parte superior frondosa de cada tallo de lemongrass y corte la orilla dura del bulbo. Retire la capa exterior dura de los tallos. Corte la parte restante en trozos de 2.5 cm (1 in) y presiónelos con el mango de un cuchillo pesado o con una tajadera. Coloque en la olla. Hierva lentamente sobre fuego medio, tape parcialmente y deje hervir durante 15 minutos para lograr un caldo condimentado. Retire del fuego y cuele a través de un colador de malla fina.

2 Vierta el caldo en una olla limpia y añada el galangal, hojas de lima, salsa de pescado, hongos, jitomate, cebolla y pasta de chile. Retire los tallos de los chiles frescos y corte los chiles en cuarterones a lo largo. Añada la cantidad deseada de chiles; se puede empezar con solamente unos cuantos.

3 Ponga la olla sobre fuego medio y hierva a fuego lento tapándola parcialmente; deje hervir cerca de 2 minutos, hasta que los hongos se suavicen. Pruebe a la mitad del cocimiento y añada más chile si la sopa no está lo suficientemente picante. Integre los camarones y hierva cerca de 30 segundos, a fuego lento, hasta que se tornen de color rosa. Retire del fuego.

4 Incorpore ¼ de taza del jugo de limón y el cilantro. Pruebe y rectifique la sazón con más jugo de limón. Use un cucharón para servirla en los tazones precalentados y sirva de inmediato.

Sirva con una cerveza tai como la Singha.

BEET, FENNEL, AND AVOCADO SALAD WITH RICOTTA SALATA

Ensalada de Betabel, Hinojo y Aguacate con Ricotta Salata

Para muchos de los cocineros del Área de la Bahía, es común iniciar los sábados con un viaje al mercado de Ferry Plaza para obtener la mejor compra de la semana. Desde el otoño hasta la primavera, los betabeles son la verdura que más destaca, especialmente los betabeles dorados y los Chioggia que tienen rayas blancas y rosas. A los chefs les gustan estos últimos porque no se decoloran como los rojos, haciendo posible crear artísticamente muchas ensaladas. En esta receta, el hinojo crujiente y el aguacate cremoso proveen un contraste de texturas con los betabeles, y las delgadas lajas de ricotta salata agregan un contrapunto salado. Este queso blanco y firme, el ricotta, está hecho de leche de oveja del sur de Italia y se prepara salándolo, prensándolo y añejándolo brevemente.

1 Precaliente el horno a 200°C (400°F). Si el betabel aún tiene sus hojas, córtelas dejando 2.5 cm (1 in) de tallo para evitar perforar la piel (también deje la raíz pegada). Reserve las hojas para otro uso. Ponga 6 mm (¼ in) de agua en un refractario y agregue los betabeles. Tape y hornee cerca de 1 hora, hasta que se puedan picar fácilmente con la punta de un cuchillo. Retire del horno y cuando estén lo suficientemente fríos al tacto, retire la piel de los betabeles y recorte sus raíces; deje enfriar completamente.

2 Para hacer la vinagreta, combine el jugo de limón, chalote y una generosa pizca de sal en un tazón pequeño. Deje reposar durante 30 minutos para permitir que el sabor del chalote se suavice. Integre el aceite de oliva. Sazone con pimienta. Pruebe y rectifique la sazón.

3 Parta los betabeles ya fríos a mano en rebanadas muy delgadas. Coloque en un tazón y mezcle aproximadamente con una tercera parte de la vinagreta teniendo cuidado de no romper las rebanadas. Coloque una cama delgada de betabeles en un platón y divida uniformemente entre los platos individuales.

4 Corte los tallos y sus hojas superiores y las partes exteriores maltratadas del bulbo de hinojo; corte a la mitad a lo largo. Usando una mandolina, un rebanador en forma de V o un cuchillo filoso, rebane transversalmente cada mitad, dejándola tan delgada como una hoja de papel. Coloque el hinojo en un tazón, añada cerca de la mitad de la vinagreta restante y mezcle hasta cubrir. Cubra los betabeles con el hinojo. Con un pelador de verduras o uno de queso, ralle 45 g (1½ oz) de queso ricotta salata uniformemente sobre el hinojo. O, si lo desea, trocee la misma cantidad de queso feta uniformemente sobre el hinojo.

5 Usando una cuchara grande de metal, retire la mitad del aguacate de su cáscara en una sola pieza. Coloque la mitad del aguacate con su lado cortado hacia abajo sobre una superficie de trabajo y corte en rebanadas muy delgadas en forma transversal. Acomode las rebanadas de aguacate atractivamente sobre la ensalada.

6 Rocíe la ensalada con la cantidad deseada de la vinagreta restante (quizás no necesite toda) y cubra con el perejil. Sirva de inmediato.

Sirva con un ligero vino blanco alimonado como el Sauvignon Blanc

---

4 betabeles, de preferencia dorados o Chioggia, cerca de 500 g (1 lb) en total sin las partes verdes

PARA LA VINAGRETA

1½ cucharada de jugo de limón fresco

1 chalote, finamente picado (cerca de 2 cucharadas)

Sal fina de mar y pimienta recién molida

¼ taza (60 ml/2 fl oz) de aceite de oliva extra virgen

1 bulbo de hinojo pequeño

Una rebanada de queso ricotta salata o queso feta

½ aguacate grande

1 cucharada de perejil liso (italiano) fresco finamente picado

Rinde 4 porciones

CIOPPINO WITH FOCACCIA TOASTS

Cioppino con Focaccia Tostada

Lo más probable es que el famoso cioppino de San Francisco haya nacido en las cocinas de los pescadores inmigrantes italianos que trataban de hacer las sopas de pescado de sus pueblos natales. Tenían diferentes mariscos para hacerlo incluyendo al incomparable cangrejo Dungeness, pero ellos preservaron el carácter italiano del platillo. Hoy en día, el cioppino aparece en la mayoría de los restaurantes de pescados y mariscos del muelle de San Francisco, pero es un gran invento que vale la pena hacer en casa en la temporada de cangrejo. Puede variar el marisco con el que se hace el cioppino dependiendo de la oferta del mercado y de su propio gusto. Muchos cocineros agregan almejas, mejillones, calamares o incluso pez espada si éste tiene un buen precio.

2 cangrejos Dungeness

750 g (1½ lb) de espinazo de pescado limpio

1 cebolla blanca o amarilla grande y la misma cantidad de tallo de apio y de zanahoria, picado grueso

2 ramitas de perejil liso (italiano) fresco, más las necesarias para adornar, picadas

1 hoja de laurel

12 granos de pimienta negra

1 taza (250 ml/8 fl oz) de vino blanco seco y la misma cantidad de vino tinto seco

½ taza (125 ml/4 fl oz) más 1½ cucharada de aceite de oliva

2 tazas (315 g/10 oz) de cebolla blanca o amarilla finamente picada y la misma cantidad de pimiento verde (capsicum) y de apio

125 g (¼ lb) de hongos blancos frescos, finamente rebanados

4 dientes grandes de ajo, finamente picados

1 cucharadita de orégano seco, triturado

½ cucharadita de chile rojo en hojuelas

2 latas (875 g/28 oz cada una), de jitomates (Roma) con su jugo

Sal fina de mar

20 cm (8 in) de focaccia cuadrada

16 camarones grandes (langostinos)

750 g (1½ lb) de filetes de pescado blanco

Rinde 8 porciones

1 Si usa cangrejos vivos, cocine, limpie y prepárelos como se indica en la página 105. Con un cuchillo pesado parta el cuerpo en cuarterones. Parta las patas del cangrejo en secciones. Parta cuidadosamente las pinzas y las patas con un cascanueces o un mazo. Reserve hasta el momento de usarlos.

2 En una olla grande, mezcle el espinazo de pescado, cebolla, ajo, zanahoria, perejil, hoja de laurel, granos de pimienta, vino blanco y 8 tazas (2 l/64 fl oz) de agua. Coloque sobre fuego medio y hierva retirando la espuma. Ajuste el fuego para mantener un hervor lento y cocine, sin tapar, durante 30 minutos. Retire del fuego y deje enfriar. Forre un colador de malla fina con manta de cielo (muselina) y ponga sobre un tazón grande. Cuele el caldo con el colador.

3 Caliente en una olla grande sobre fuego medio la ½ taza de aceite de oliva. Cuando el aceite esté caliente, añada la cebolla, pimiento y apio finamente picado, hongos, ajo, orégano y las hojuelas de chile rojo. Saltee cerca de 20 minutos, hasta que las verduras estén suaves, reduciendo el fuego si fuera necesario para no dejar que se quemen. Añada 4 tazas (1 l/32 fl oz) del caldo, los jitomates, vino tinto y sal al gusto. Hierva y ajuste el fuego para mantener un hervor lento. Cocine hasta que la sopa esté sabrosa, cerca de 30 minutos. Puede diluirla con más caldo si

fuera necesario. Reserve el caldo restante para otro uso. (Puede durar tapado en el refrigerador hasta 2 días o en el congelador por 1 mes).

4 Mientras la sopa hierve a fuego lento, haga las tostadas focaccia: Precaliente el horno a 230°C (450°F). Corte la focaccia en 16 tiras de 2.5 cm (1 in) de ancho y 10 cm (4 in) de largo cada una. Barnice ligeramente las tiras de focaccia con 1½ cucharada de aceite de oliva y acomode en una charola para hornear. Hornee cerca de 5 minutos, hasta que estén ligeramente tostadas. Retire del horno.

5 Pele los camarones, dejando el segmento de la cola intacto y desvene (página 187). Corte los filetes de pescado blanco en cubos de 2 cm (¾ in).

6 Antes de servir la sopa, agregue los camarones y los cubos de pescado. Hierva a fuego lento cerca de 1 minuto, hasta que estén prácticamente cocidos y retire del fuego.

7 Divida el cangrejo uniformemente entre los 8 tazones de sopa precalentados. Usando un cucharón, pase la sopa a los tazones dividiendo uniformemente. Adorne con el perejil picado y sirva de inmediato. Acompañe con la focaccia tostada.

Sirva con un vino rosado seco o con un ligero vino blanco italiano como el Pinot Grigio.

SPRING VEGETABLE SOUP WITH FAVA BEANS, LEEKS, AND PEAS

Sopa de Verduras Primavera con Haba, Poro y Chícharo

Durante muchos años, las habas frescas fueron un secreto bien guardado por la comunidad italiana de San Francisco. Los compradores tenían que ir a North Beach para encontrarlas y muy pocas personas que no eran italianas sabían la forma de prepararlas. Hoy en día, casi todos los restaurantes con un toque mediterráneo sirven habas desde primavera hasta la mitad del verano, o durante el tiempo que los chefs puedan conseguirlas. Siguiendo el ejemplo del mercado, los cocineros generalmente combinan las habas verdes brillantes con otras verduras de la cosecha de primavera como poros y chícharos. En esta delicada sopa, un trío de verduras frescas de primavera le da sabor a un rico caldo de pollo ligeramente espesado con harina de semolina.

1 Saque las habas de sus vainas aterciopeladas. Hierva en una olla tres cuartas partes de agua sobre fuego alto. Añada las habas y hierva 1 minuto. Escurra e inmediatamente sumérjalas en un tazón de agua con hielo. Cuando se enfríen, escurra una vez más. Retire la piel exterior de cada haba pellizcándola por el extremo opuesto de la parte que las unía a la vaina. El haba saldrá fácilmente.

2 Caliente 2 cucharadas de aceite de oliva en una olla grande sobre fuego medio-bajo. Añada los poros, sazone con sal y pimienta y mezcle para cubrir con el aceite. Tape y cocine cerca de 10 minutos, hasta que estén suaves pero no se quemen, reduciendo el fuego si fuera necesario para evitar que se quemen. Agregue 5 tazas (1.25 l/40 fl oz) del consomé de pollo y hierva a fuego lento. Añada las habas y los chícharos; cocine 2 minutos o más,

dependiendo de su tamaño, hasta que se suavicen ligeramente.

3 Mezcle en un pequeño tazón la semolina y la taza restante (250 ml/8 fl oz) de caldo hasta que esté suave. Añada lentamente la mezcla de semolina a la sopa y mezcle. Hierva moviendo frecuentemente cerca de 5 minutos, hasta que la semolina haya perdido su sabor crudo y la sopa esté ligeramente espesa.

4 Pruebe y rectifique la sazón. Usando un cucharón sirva en los tazones precalentados y rocíe cada uno con un chorrito de aceite de oliva.

Sirva con un ligero vino blanco italiano como el Arneis or Fiano de Avellino.

1 kg (2 lb) de habas

2 cucharadas de aceite de oliva extra virgen y el necesario para rociar

1 taza (90 g/3 oz) de poros finamente rebanados, solamente las partes blancas y verde pálido

Sal fina de mar y pimienta recién molida

6 tazas (1.5 l/48 fl oz) de un rico caldo de pollo o de consomé enlatado con poca sal

750 g (1½ lb) de chícharos ingleses, sin la vaina

6 cucharadas (60 g/2 oz) de harina de semolina (página 187)

Rinde 6 porciones

MIXED WINTER CHICORIES WITH BLOOD ORANGES AND FENNEL

Chicorias de Invierno con Naranjas Sangría e Hinojo

La mayor parte del cultivo de la naranja sangría en California se lleva a cabo al sur del estado, zona en donde los granjeros pueden estar seguros que no hiela en la mayoría de las noches. Pero, al juzgar por los mercados y los menús locales, mucha de la cosecha va al Área de la Bahía, en donde se usa en postres y ensaladas contemporáneas como esta receta. Las jugosas naranjas sangría, las chicorias amargas y el hinojo crujiente y dulce forman un trío memorable y están simultáneamente en temporada en los meses del invierno tardío. Los miembros de la familia de las chicorias, entre ellos la escarola, radicchio y frisée, se dan mejor en clima frío y crecen bien en la costa del norte de California.

PARA LA VINAGRETA

2 cucharadas de vinagre de Champagne

1 chalote grande, finamente picado (cerca de 2 cucharadas)

Sal fina de mar y pimienta recién molida

5 cucharadas (75 ml/2½ fl oz) de aceite de oliva extra virgen

1 escarola

½ frisée pequeña entera

½ radicchio

3 naranjas sangría

1 bulbo de hinojo

2 cucharadas de perejil liso (italiano) fresco picado

Rinde 6 porciones

1 Para hacer la vinagreta, combine en un pequeño tazón el vinagre, chalote y una generosa pizca de sal y deje reposar la mezcla durante 30 minutos para suavizar el sabor del chalote. Integre, batiendo, el aceite de oliva y espolvoree varias veces con pimienta recién molida.

2 Retire las duras y oscuras hojas exteriores de la escarola y reserve para otro uso. Rasgue las hojas interiores pálidas en trozos pequeños. Retire las hojas exteriores duras y oscuras de la frisée. Rasgue las hojas interiores suaves en trozos pequeños. Corte la mitad del radicchio en 2 rebanadas a través del corazón; corte y separe el corazón. Rebane cada mitad transversalmente en tiras delgadas. Coloque la escarola, frisée y radicchio en una ensaladera grande.

3 Trabajando con 1 naranja a la vez y usando un cuchillo filoso, corte una rebanada de la parte superior y otra de la parte inferior, dejando su pulpa expuesta. Coloque la naranja verticalmente sobre una tabla de picar y retire la cáscara en tiras, quitándole toda la cáscara así como la piel blanca que tiene bajo la cáscara, siguiendo el contorno de la fruta. Sujetando la naranja sobre un tazón, corte a lo largo de cada gajo retirándolo de la membrana y permitiendo que caiga en el tazón.

4 Corte los tallos y las hojas superiores así como las partes maltratadas del tallo del bulbo de hinojo y corte a la mitad a lo largo. Usando una mandolina, un rebanador en forma de V o un cuchillo filoso, corte cada mitad transversalmente en rebanadas tan delgadas como una hoja de papel.

5 Añada el hinojo y el perejil a la ensaladera. Usando una cuchara ranurada, pase los gajos de la naranja a la ensaladera y deseche su jugo. Añada la vinagreta y mezcle. Pruebe y rectifique la sazón; sirva de inmediato.

Sirva con un vino blanco semi-seco como el Riesling o el Chenin Blanc.

HEIRLOOM TOMATO SALAD WITH BLUE CHEESE DRESSING

Ensalada de Jitomates Heirloom con Aderezo de Queso Azul

La competencia del jitomate es virtualmente un deporte de verano en el Área de la Bahía de San Francisco, en donde los mercados compiten para ofrecer las mejores muestras de jitomates coloridos y diferentes. Muchos de ellos son como reliquias familiares, llamados jitomates heirloom, preciados por su sabor hace varias generaciones y casi olvidados en el mundo moderno de los jitomates que pueden empacarse y transportarse a la perfección. Estos finos jitomates no necesitan más que espolvorearse con sal de mar o rociarse con una vinagreta clásica. Sin embargo, un cremoso aderezo enriquecido con trocitos de queso azul, preferiblemente el Point Reyes Original Blue de la zona, proporciona una alternativa muy apetecible.

1 Retire el corazón de los jitomates grandes y corte en trozos o rebanadas. Corte los jitomates cereza a la mitad. Acomode todos los jitomates en forma atractiva sobre un platón de servir.

2 Para hacer el aderezo, combine en un pequeño procesador de alimentos o una licuadora, la mayonesa, el buttermilk, ajo, 2 cucharaditas de vinagre y el queso azul. Pulse hasta obtener una mezcla tersa. Pase a un tazón y sazone al gusto con sal y más vinagre si lo desea.

3 En un pequeño tazón, mezcle las cebollitas de cambray y el perejil.

4 Rocíe el aderezo sobre los jitomates, usando la cantidad deseada (quizás no necesite todo), adorne con la mezcla de las cebollitas de cambray y el perejil así como varias espolvoreadas de pimienta recién molida. Si lo desea, ponga trocitos del queso azul sobre la ensalada y sirva de inmediato.

Sirva con un vino blanco ligero como el Sauvignon Blanc o el Pinot Grigio.

---

750 g (1½ lb) de jitomates heirloom en una variedad de tamaños y colores

PARA EL ADEREZO

¼ taza (60 ml/2 fl oz) de mayonesa

¼ taza (60 ml/2 fl oz) de buttermilk o yogurt

1 diente de ajo, finamente rebanado

2 cucharaditas de vinagre de Champagne, o más al gusto

60 g (2 oz) de queso azul (vea Nota), más el necesario para desmenuzar

Sal fina de mar

2 cucharadas de cebollitas de cambray finamente picadas, sus partes blancas y verde pálido únicamente

1 cucharada de perejil liso (italiano) fresco, finamente picado

Pimienta recién molida

Rinde 4 porciones

Jitomates Heirloom

Cada verano, la granja Eatwell presenta "Tomato Wonderland", en el Mercado Ferry Plaza de San Francisco, deleitando a los clientes con docenas de variedades de jitomates en tonos de rojo, rosa, naranja, mostaza, amarillo, morado y verde. La exhibición hace que los compradores quieran sacar su salero y comérselos.

Los dueños de Eatwell, Frances Andrews y Nigel Walker, plantan hasta cien variedades diferentes cada año, muchas de las cuales son como una herencia familiar. Los cocineros y los horticultores buscan esta variedad ya que su sabor es superior y también por la satisfacción de ayudar al movimiento que conserva las semillas.

Aunque no existe una definición oficial para este producto de herencia la mayoría de las personas usa la palabra *heirloom* para describir algunas variedades que han ido pasando de generación en generación. Algunos dicen que una variedad de jitomate tiene que tener cuando menos cien años para poder calificar; otros usan el término para describir cualquier tipo de jitomate que no sea un híbrido moderno.

Los defensores de los productos de herencia, que ayudan a conservar las semillas, creen que es importante preservar la diversidad genética de la tierra. Les preocupa que las empresas comercializadoras controlen las semillas y algunas variedades puedan desaparecer.

MAIN COURSES

Los restaurantes de San Francisco presentan a sus clientes ingredientes extranjeros y sabores

exóticos e incitan a los comensales a tratar de cocinar en casa ese pollo a las cinco especias.

Los restaurantes locales marcan la pauta para los cocineros caseros del Área de la Bahía que frecuentemente tratan de recrear los platillos étnicos que han disfrutado cuando comen fuera. El pollo vietnamita a las cinco especias hecho en casa se parece bastante a la versión del restaurante, y cualquier cocinero casero puede reproducir el método de lento cocimiento para el salmón que los cocineros profesionales del Área de la Bahía han popularizado. Los cocineros aficionados no se conforman con las recetas familiares para los platillos principales. En cambio, ellos tratan de probar nuevos sabores y conquistar nuevas técnicas como el atún a las brasas, chuletas de puerco en salmuera o un cremoso risotto. Incluso la hamburguesa común sufre una innovación con los "bollos" focaccia.

DUNGENESS CRAB RISOTTO WITH LEMON AND PARSLEY

Risotto de Cangrejo Dungeness con Limón y Perejil

En Noviembre inicia la temporada del cangrejo Dungeness, probablemente el marisco favorito de los habitantes de San Francisco. Los mercados de pescado y los supermercados lo venden cocido y limpio pero los conocedores compran el cangrejo vivo y lo cocinan ellos mismos. Cocinar su propio cangrejo le proporcionará una carne más sabrosa que si la compra cocida y limpia y le dejará unas conchas con las cuales podrá sazonar un caldo para el risotto. Las mejores variedades de arroz para el risotto son los granos italianos de tamaño mediano como el Arborio, Carnaroli y Vialone Nano. Si se añade un poco de líquido caliente a la vez, logrará que los granos se esponjen y se suavicen gradualmente. En un risotto perfecto, todos los granos quedan suspendidos en una masa cremosa.

Sal fina de mar y pimienta recién molida

1 cangrejo Dungeness vivo de cerca de 1 kg (2 lb)

2 tazas (500 ml/16 fl oz) de jugo de almeja embotellado

½ taza (125 ml/4 fl oz) de vino blanco seco

1 tallo de apio grande, cortado en 4 partes iguales

1/4 de cebolla amarilla o blanca

5 cucharadas (75 ml/2½ fl oz) de aceite de oliva extra virgen

1 taza (90 g/3 oz) de poros finamente rebanados, únicamente las partes blancas y verde pálido

1½ taza (330 g/10½ oz) de arroz Arborio, Carnaroli o Vialone Nano

2 cucharadas de perejil liso (italiano) fresco finamente picado

1 cucharadita de ralladura de limón

Rinde 4 porciones

1 Ponga a hervir en una olla grande 8 l(8 qt) de agua a fuego alto. Sale generosamente el agua, aproximadamente 3 cucharadas para los 8 l. Añada el cangrejo vivo y tape la olla. Cocine el cangrejo 20 minutos después de que el agua vuelva a hervir. Saque el cangrejo del agua usando unas pinzas y reserve.

2 Gire y separe las garras y las patas del cangrejo y reserve. Sujetando el cangrejo por su parte inferior, levante y deseche la dura concha superior. Enjuague la concha superior quitando lo que haya quedado en su interior y resérvela para agregarla al caldo. Voltee el cangrejo; levante y deseche la cola triangular que sobresale. Retire y deseche las agallas grises de tipo emplumado que tiene a lo largo de ambos lados. Usando un cuchillo pesado o una tajadera, parta el cuerpo en cuarterones. Si fuera necesario, enjuague rápidamente las partes para retirar la "mantequilla" amarillenta.

3 Retire toda la carne de las partes del cuerpo del cangrejo partidas en cuarterones; rompa las patas y las garras y retire toda la carne. Corte la carne en piezas tan grandes como le sea posible y reserve todas las partes de la concha.

4 Combine en una olla 4 tazas de agua (1 l/32 fl oz), el jugo de almeja, vino, apio, cebolla y conchas de cangrejo sobre fuego medio. Ponga a hervir a fuego lento, ajuste el fuego para mantener un hervor suave y cocine sin tapar durante 15 minutos. Ponga un colador de malla fina sobre una olla limpia y cuele el caldo. Hierva sobre fuego medio; reduzca el fuego para mantenerlo justo debajo del punto de ebullición.

5 Caliente 3 cucharadas de aceite de oliva en una olla grande sobre fuego medio-bajo. Añada los poros y mezcle para cubrir con el aceite. Cocine de 10 a 12 minutos, moviendo ocasionalmente, hasta que estén suaves y dulces. Añada el arroz y cocine moviendo hasta que todos los granos estén calientes. Comience a agregar el caldo, ½ taza (125 ml/4 fl oz) a la vez, moviendo frecuentemente y añadiendo más únicamente cuando se haya absorbido la cantidad previa. Deberá tardar cerca de 20 minutos para que el arroz esté al dente y absorba la mayor parte del caldo. (Quizás no necesite todo el caldo). El risotto debe quedar cremoso, ni aguado ni duro, y los granos deben estar suaves pero firmes en el centro. Retire el risotto del fuego.

6 Reserve 4 trozos grandes y atractivos de carne de cangrejo para adornar. Integre el cangrejo restante al arroz con las 2 cucharadas de aceite de oliva, el perejil y la ralladura de limón, distribuyendo los ingredientes uniformemente. Sazone al gusto con sal y pimienta.

7 Sirva el risotto con ayuda de un cucharón en los platos individuales precalentados y adorne cada porción con uno de los trozos reservados de la carne de cangrejo. Sirva de inmediato.

Sirva con un vino espumoso fino o un vino blanco seco del Condado de Mendocino de California como el Riesling.

SLOW-ROASTED KING SALMON WITH BRAISED LENTILS

Salmón Rey Asado con Lentejas Braseadas

Hornear el salmón a una temperatura baja es una técnica popular en los restaurantes del Área de la Bahía que produce un interior cremoso y húmedo. Los filetes del salmón king silvestre, una especie de la costa oeste con un alto contenido de grasa, son los adecuados para este método, aunque también se puede usar salmón cultivado. En esta receta, los filetes se colocan sobre una cama de suaves lentejas y se cubren con mantequilla de hierbas y chalote. Busque las pequeñas lentejas verdes francesas para este platillo, no use las cafés más grandes ya que no conservan bien su forma. El tiempo de cocimiento de las lentejas varía ampliamente, por lo que debe revisarlas constantemente.

1 Precaliente el horno a 150°C (300°F). Engrase con mantequilla un refractario lo suficientemente grande para dar cabida al salmón en una sola capa.

2 Para hacer la mantequilla, combine en un tazón la mantequilla, chalote, perejil y mostaza y mezcle con hasta suavizar. Sazone con sal y pimienta al gusto.

3 Para cocinar las lentejas, derrita 2 cucharadas de mantequilla en una sartén sobre fuego medio-bajo. Añada la cebolla, zanahoria, apio y ajo; saltee aproximadamente 20 minutos, hasta suavizar. Mientras tanto, mezcle en una olla sobre fuego medio, el caldo y el tomillo y hierva a fuego lento. Añada las lentejas, tape parcialmente y ajuste el fuego para mantener un hervor lento. Cocine cerca de 20 a 25 minutos, hasta que las lentejas estén suaves. Retire del fuego y deseche la rama de tomillo. Usando una cuchara ranurada, añada las lentejas a las verduras con algunas cucharadas del caldo. Sazone con sal y pimienta al gusto, mezcle, tape y hierva a fuego lento, cerca de 10 minutos, hasta que las lentejas hayan absorbido el líquido. Añada más líquido si fuera necesario. Mantenga caliente sobre fuego bajo.

4 Sazone los filetes de salmón por ambos lados con sal y pimienta y coloque en el refractario ya preparado. Hornee de 20 a 25 minutos, hasta que el pescado se separe en hojuelas.

5 Retire las lentejas del fuego. Añada el perejil y la mantequilla restante y mezcle hasta que se derrita la mantequilla. Divida las lentejas entre los platos individuales precalentados. Cubra con los filetes de salmón y bañe uniformemente con la mantequilla de hierbas. Sirva de inmediato.

Sirva con un vino tinto joven y afrutado como el Pinot Noir.

PARA LA MANTEQUILLA

2 cucharadas de mantequilla a temperatura ambiente

1 chalote pequeño, finamente picado

2 cucharaditas de perejil liso (italiano) fresco, finamente picado

1½ cucharadita de mostaza Dijon

Sal de mar y pimienta recién molida

PARA COCINAR LAS LENTEJAS

3½ cucharadas de mantequilla

½ cebolla amarilla o blanca grande, finamente picada

½ zanahoria grande, sin piel y en cubos

1 tallo interior de apio pequeño, en cubos

2 dientes de ajo, finamente picados

3 tazas (750 ml/24 fl oz) de consomé ligero de pollo, o la misma cantidad de caldo enlatado reducido en sodio y agua

1 rama grande de tomillo fresco

1 taza (220 g/7 oz) de lentejas verdes francesas, escogidas y lavadas

Sal de mar y pimienta recién molida

1½ cucharada de perejil liso (italiano) fresco finamente picado

4 filetes de salmón king, aproximadamente de 185 g (6 oz) cada uno, sin piel

Sal de mar y pimienta recién molida

Rinde 4 porciones

La Pesca del Pacífico del Norte de California

Desde el dulce cangrejo Dungeness del invierno hasta el salmón king silvestre del verano, los pescados y mariscos locales son recursos preciados que los comensales del Área de la Bahía atesoran. Aunque la carga aérea facilita el poder disfrutar del pescado que viene de lejos, los lugareños son leales a la pesca de su costa

En realidad, solamente algunos de los pescados y mariscos que se ofrecen en los mercados y en los menús del Área de la Bahía son locales bajo una estricta definición. Sólo dos pescados, anchoas y arenques, se pescan comercialmente en gran cantidad en la Bahía de San Francisco. Sin embargo, los barcos pesqueros que navegan en el Pacífico entre Monterey y Fort Bragg pescan una cantidad suficiente de los pescados y mariscos más cotizados. Entre ellos, los más importantes son tres pescados planos que son fundamentales para los restaurantes locales: lenguadina, limanda petrale y rex sole. La lenguadina fresca estilo meuniere, ligeramente enharinada y rebozada con mantequilla, limón y alcaparras, es una experiencia inolvidable.

Los chefs aprecian su poder de adaptación y a los comensales les gusta su suave sabor. La Bahía de Monterey proporciona calamares y sardinas en abundancia y el atún albacore es un regalo del verano que viaja hacia el norte a lo largo de la costa del Área de la Bahía a medida que se calienta el mar.

FOCACCIA BURGER WITH TOMATO, ARUGULA, AND AIOLI

Hamburguesa de Focaccia con Jitomate, Arúgula y Alioli

Por supuesto que una carne de res de la más alta calidad recién molida es esencial para hacer una buena hamburguesa, pero usar el pan adecuado también es muy importante. Algunos de los restaurantes de San Francisco al no estar satisfechos con los bollos convencionales o quizás por querer hacer una comida diferente, han introducido un concepto que une culturas con su hamburguesa focaccia. Este pan suave, esponjoso y plano es la cubierta perfecta para una hamburguesa. La Liguria Bakery en North Beach ha hecho el pan focaccia durante varias décadas para los habitantes de San Francisco. Si no hay una panadería italiana cerca de usted, busque la focaccia en una tienda especializada en alimentos italianos. Con esta receta obtendrá más alioli del necesario; guarde el restante para acompañar unas alcachofas al vapor.

PARA EL ALIOLI

1 diente de ajo grande

Sal fina de mar

1 yema de huevo, a temperatura ambiente

½ taza (125 ml/4 fl oz) de aceite de oliva extra virgen

655 gr (1⅓ lb) de espaldilla de res finamente molida

Sal fina de mar y pimienta recién molida

2 panes delgados de focaccia, cada uno de 20 cm (8 in) o 1 pan grueso sencillo de focaccia, de 20 cm (8 in), partido a la mitad horizontalmente

1 jitomate grande, sin centro y en rebanadas delgadas

½ cebolla morada, finamente rebanada

1 manojo grande de arúgula pequeña (rocket) o arúgula más grande sin sus tallos

Rinde 4 porciones

1 Para hacer el alioli, combine en un mortero o molcajete el diente de ajo con una pizca de sal y muela hasta hacer una pasta. Reserve. Ponga la yema de huevo en un tazón pequeño, añada unas pocas gotas de agua tibia y bata hasta integrar con la yema. Integre el aceite de oliva lentamente, gota a gota al principio, y cuando obtenga una emulsión agréguelo un poco más rápido. Integre, batiendo, la pasta de ajo. Pruebe y rectifique la sazón agregando más sal si fuera necesario.

2 Sazone la carne con sal y pimienta. Divida en 4 porciones iguales y haga una hamburguesa cuadrada de cerca de 10 cm (4 in) y 12 mm (½ in) de grueso con cada porción.

3 Precaliente el asador. Corte la focaccia en cuadros de 10 cm (4 in). Coloque sobre una charola de hornear, póngala en el asador y tueste volteando una vez, hasta que esté ligeramente crujientes en ambos lados.

4 Elija una sartén, de preferencia antiadherente, lo suficientemente grande para poder acomodar todas las hamburguesas en una sola capa sin que se toquen. O, si lo desea, use dos sartenes. Ponga sobre fuego medio. Añada las hamburguesas, reduzca el fuego a medio-bajo y cocine cerca de 3 minutos, hasta dorar la parte inferior. Voltee y cocine hasta obtener el término deseado, cerca de 3 minutos más para término medio.

5 Mientras las hamburguesas se están cocinando, unte con alioli el lado inferior cortado de cada cuadro de la focaccia. Cuando las hamburguesas estén listas, coloque inmediatamente sobre los cuadrados de focaccia. Cubra cada hamburguesa con las rebanadas de jitomate, algunas rebanadas de cebolla morada y varias hojas de arúgula. Tape con el otro cuadro de focaccia. Si lo desea, corte a la mitad y sirva de inmediato.

Sirva con una cerveza espesa tipo Amber o con un vino tinto especiado como el Zinfandel.

STEAMED MUSSELS WITH SAFFRON AIOLI

Mejillones al Vapor con Alioli de Azafrán

Los mejillones silvestres se adhieren a las rocas ubicadas a lo largo de la costa del norte de California, en donde los aventureros las pueden pescar cuando están en temporada (generalmente en los meses de frío), si cuentan con un permiso. Pero, para satisfacer la demanda diaria la mayoría de los cocineros cuentan con una forma más sencilla de obtenerlos: con los mejillones cultivados del estado de Washington o del este de Canadá. Al ponerlos al vapor con azafrán y cáscara de naranja y acompañarlos con una salsa de alioli se les da ese toque Mediterráneo que tanto agrada a los comensales del Área de la Bahía. Sirva al estilo familiar en platones, acompañando con pan crujiente para remojar en el jugo.

1 En un tazón pequeño mezcle el azafrán y el vino y deje reposar durante 30 minutos.

2 Para hacer el alioli, mezcle en un mortero o molcajete los dientes de ajo con la pizca de sal y muela hasta formar una pasta. Reserve. Coloque la yema de huevo en un tazón pequeño, añada unas pocas gotas de agua tibia y bata hasta integrar con la yema. Integre el aceite de oliva lentamente, gota a gota al principio, y cuando obtenga una emulsión agréguelo un poco más rápido. Integre, batiendo, la pasta de ajo. Pruebe y rectifique la sazón con más sal si fuera necesario.

3 Corte y deseche los tallos y las puntas emplumadas y cualquier parte maltratada del exterior de los tallos del bulbo de hinojo; córtelo en cubos de 6 mm (¼ in)

4 En una olla grande, caliente el aceite de oliva sobre fuego medio-bajo. Agregue el hinojo y el chalote y saltee de 12 a 15 minutos, hasta que el hinojo se suavice. Añada los mejillones, retirando los que no se cierren al tacto, la mezcla de azafrán con el vino y la cáscara de naranja. Eleve la temperatura y hierva sin tapar cerca de 1 minuto para que el alcohol se evapore, tape y cocine de 3 a 4 minutos, hasta que los mejillones se abran, sacudiendo la olla ocasionalmente.

5 Integre parte del jugo caliente al alioli, batiendo, para hacer una salsa que se pueda rociar. Pase los mejillones con su jugo a un tazón de servicio, desechando los mejillones que no se hayan abierto. Retire y deseche las tiras de cáscara de naranja y rocíe los mejillones con el alioli. Adorne con el perejil y sirva de inmediato.

Sirva con un vino seco rosé o un Sauvignon Blanc.

¼ cucharadita de azafrán en polvo, de preferencia hilos de azafrán molidos en un mortero o molcajete

1 taza (250 ml/8 fl oz) de vino blanco seco

PARA EL ALIOLI

2 dientes de ajo

Sal fina de mar

1 yema de huevo, a temperatura ambiente

½ taza (125 ml/4 fl oz) de aceite de oliva extra virgen

1 bulbo pequeño de hinojo

¼ taza (60 ml/2 fl oz) de aceite de oliva extra virgen

¾ taza (125 gr/4 oz) de chalote, finamente picado

2 kg (4 lb) de mejillones, cepillados y sin barbas

2 tiras largas de cáscara de naranja

¼ taza (10 gr/⅓ oz) de perejil liso (italiano) fresco, picado

Rinde 4 porciones

Escuelas de Cocina

Con tantos ingredientes maravillosos en los mercados del Área de la Bahía y tantos residentes interesados en los alimentos, no es de extrañar que haya muchas escuelas de cocina en la región.

Muchas tiendas ofrecen clases de una sesión, orientadas al cocinero casero. En los supermercados Draeger en la Península, en "Sur la Table" en San Francisco y Berkeley, y en Ramekins en Sonoma, los estudiantes pueden tomar clases acerca de la forma de usar los cuchillos, cocina hindú o postres de chocolate.

Una de las más antiguas y más respetadas escuelas de cocina en San Francisco es Tante Marie, establecida por Mary Risley en 1979. Aún en crecimiento, la escuela ofrece cursos para aficionados o para futuros profesionales.

Por lo menos tres escuelas del Área de la Bahía se enfocan en crear expertos profesionales. El programa del City College de San Francisco entrena a los participantes para conseguir trabajos en el área de servicio de alimentos. En la California Culinary Academy en San Francisco, los estudiantes dominan los conocimientos básicos de la cocina; y en el valle de Napa, el Culinary Institute of America en Greystone ofrece educación continua para personas que ya trabajan en ese campo.

BRINE-CURED PORK CHOPS WITH BALSAMIC GLAZE

Chuletas de Puerco Curadas en Salmuera con Glaseado Balsámico

Bruce Aidells y otros expertos en carnes del Área de la Bahía, han popularizado la salmuera ya que a la carne de puerco moderna sin grasa, le da sabor y la vuelve jugosa. Después de estar sólo un día en la salmuera las chuletas gruesas de puerco se sazonan completamente, no solamente en la superficie. Quedarán suculentas sí no se les sobrecocina. El azúcar en la salmuera también ayuda a que las chuletas se doren atractivamente. También puede marinar otros cortes de puerco sin grasa en salmuera, como el lomo o el filete de puerco. Mientras más grueso sea el músculo, más tardará en penetrar la salmuera. Las carnes marinadas en salmuera generalmente no necesitan sazonarse adicionalmente. Sirva estas chuletas con colecitas de Bruselas en mantequilla o con espinacas cocidas.

PARA LA SALMUERA

7 cucharadas (105 gr/3½ oz) de sal kosher o sal de mar

¼ taza (60 gr/2 oz) compactada de azúcar morena

½ manojo de ramitas de tomillo fresco

4 dientes de ajo, a la mitad

1½ cucharaditas de pimienta, molida grueso

4 chuletas de puerco cortadas del centro y sin grasa, cada una de 3 a 4 cm (1¼-1½ in) de grueso

1 cucharada de aceite de oliva

2 cucharadas de mantequilla

¼ taza (45 gr/1½ oz) de chalote, finamente picado

2 cucharadas de vinagre balsámico

1 taza (250 ml/8 fl oz) de consomé de pollo ligero, o partes iguales de caldo de pollo enlatado reducido en sodio y agua

1 cucharada de salvia fresca, finamente picada

Rinde 4 porciones

1 Para hacer la salmuera, mezcle en una olla la sal, azúcar morena, ramitas de tomillo, ajo, pimienta y 8 tazas (2 l/64 fl oz) de agua sobre fuego medio. Deje que de un hervor moviendo para disolver la sal y el azúcar. Retire del fuego y pase la salmuera a un recipiente de plástico o de cerámica lo suficientemente grande para dar cabida a las chuletas de puerco y la salmuera. Deje que la salmuera se enfríe completamente y refrigere hasta que esté muy fría.

2 Añada las chuletas de puerco a la salmuera fría, asegurándose de que queden sumergidas. Si fuera necesario, coloque un plato sobre las chuletas de puerco para mantenerlas sumergidas. Tape y refrigere durante un día.

3 Precaliente el horno a 95°C (200°F). Retire las chuletas de la salmuera y seque con toallas de papel.

4 Use una sartén gruesa lo suficientemente grande para dar cabida a todas las chuletas en una sola capa sin que se toquen. Colóquela sobre fuego medio-alto hasta que esté caliente. Añada el aceite de oliva y ladee para cubrir el fondo. Cuando el aceite esté caliente, agregue las chuletas y reduzca la temperatura a fuego medio. Cocine cerca de 10 minutos, hasta que estén doradas en la parte inferior, ajustando el fuego si fuera necesario para evitar que se quemen. Voltee y

cocine aproximadamente de 10 a 12 minutos más, hasta que las chuletas ya no estén rosadas cerca del hueso, retire el exceso de grasa que se acumule con una cuchara. Pase las chuletas a un refractario y manténgalas calientes dentro del horno.

5 Retire la grasa de la sartén y vuelva a colocar sobre fuego medio-bajo. Añada 1 cucharada de la mantequilla. Cuando la mantequilla se derrita, agregue el chalote y cocine moviendo cerca de 2 minutos, hasta suavizar. Añada el vinagre, deje hervir hasta reducirlo a la mitad. Añada el caldo y la salvia, eleve la temperatura, hierva y raspe con una cuchara de madera todos los trocitos dorados del fondo de la sartén, hasta reducirlo a ⅓ taza (80 ml/3 fl oz). Retire del fuego, añada 1 cucharada de la mantequilla restante y gire la sartén sin revolver para que se derrita la mantequilla.

6 Coloque nuevamente la sartén sobre fuego medio-bajo. Regrese las chuletas a la sartén y cocine suavemente cerca de 1 minuto, volteándolas en la salsa 2 ó 3 veces. Divida las chuletas entre los platos individuales precalentados y, usando una cuchara, cubra cada chuleta con la salsa restante. Sirva de inmediato.

Sirva con un vino tinto ligero o de cuerpo medio como el Pinot Noir o Sangiovese.

WINE-BRAISED SHORT RIBS WITH MUSHROOMS AND THYME

Costillas Pequeñas Asadas al Vino con Hongos y Tomillo

Un rico y envinado guisado de costillas pequeñas es el antídoto perfecto para una noche húmeda de invierno en San Francisco. Las costillas pequeñas se vuelven suaves y suculentas cuando se asan lentamente con una pequeña cantidad de líquido en vez de cocinarlas con fuego seco el cual las deja duras. Este asado básico invita a la variación: sustituya las pequeñas costillas con cola de res; añada jitomates sin piel picados a las verduras salteadas; o incorpore unos pocos hongos porcini (ceps) secos. Pida a su carnicero que corte las costillas si fuera necesario. Las costillas pueden soltar bastante grasa, por lo que deberá retirar el exceso con cuidado. Sirva con puré de papas.

1 Precaliente el horno a 150°C (300°F). Sazone las costillas con sal y pimienta. Coloque una sartén grande y pesada sobre fuego alto hasta que esté caliente. Añada el aceite de oliva y gire la sartén para cubrir el fondo. Cuando el aceite esté caliente añada la carne, reduzca la temperatura a fuego medio y dore bien por todos lados cerca de 25 minutos en total. Cuando las costillas estén listas, páselas a un refractario grande acomodándolas en una sola capa.

2 Reserve 2 cucharadas de grasa en la sartén y deseche el resto. Caliente a fuego medio. Añada los hongos, cebolla, zanahoria, apio y tomillo. Sazone con sal y pimienta y cocine cerca de 10 minutos, moviendo ocasionalmente, hasta que las verduras estén suaves. Pase a un refractario y vuelva a colocar la sartén vacía sobre fuego alto. Agregue el vino y hierva lentamente hasta reducirlo a la mitad, raspando con una cuchara de madera los trocitos dorados del fondo de la sartén. Pase al refractario y agregue 1 taza (250 ml/8 fl oz) de agua. Tape herméticamente y hornee aproximadamente de 2½ a 3 horas hasta que las costillas se sientan suaves al picarlas con un tenedor. Retire del horno.

3 Pase las costillas a un refractario, cubra con papel aluminio y mantenga calientes dentro del horno ya apagado. Vierta el contenido del refractario en una taza grande de medir y deje reposar 5 minutos. Usando una cuchara, quite lo más que pueda de la grasa acumulada en la superficie. Vierta el líquido restante en una sartén y caliente para servir como salsa. Si la salsa se ve demasiado líquida, hierva sobre fuego alto para espesar y concentrar. Pruebe y rectifique la sazón.

4 Vierta la salsa sobre las costillas y adorne con el perejil. Sirva de inmediato.

Sirva con un Carneros Pinot Noir (vea explicación a la derecha)

---

2 kg (4 lb) de costillas pequeñas de res, cortadas en trozos de 7.5 cm (3 in) de largo

Sal fina de mar y pimienta recién molida

1 cucharada de aceite de oliva

155 gr (5 oz/⅓ lb) de hongos pequeños blancos frescos, cepillados y limpios; cortados en cuarterones

½ cebolla grande amarilla o blanca, finamente picada

1 zanahoria grande, sin piel y finamente picada

1 tallo grande de apio, en cubos pequeños

1 cucharada de tomillo fresco, finamente picado

1 taza (250 ml/8 fl oz) de vino blanco seco

2 cucharadas de perejil liso (italiano) fresco finamente picado

Rinde 4 porciones

Carneros: Vino de la Bahía

Cuando las personas de San Francisco manejan hacia el norte atravesando el puente Golden Gate para pasar el día catando vinos, no tienen que ir lejos para encontrar el primer lagar. La afamada región de Carneros, bordeando los condados de Napa y Sonoma, está sólo a cuarenta y cinco minutos. Es el hogar de algunos de los mejores Pinot Noir, Chardonnay y de algunos productores de vino espumoso del estado, entre ellos Acacia, Artesa, Bouchaine, Buena Vista, Carneros Creek, Gloria Ferrer, Saintsbury y Domaine Carneros.

Para las uvas de clima frío como las Pinot Noir y Chardonnay, Carneros es un ambiente ideal. La proximidad de la región al Océano Pacífico y a la Bahía de San Pablo, la parte más al norte de la Bahía de San Francisco, la convierte en una de las áreas de cultivo más frías de California. Por lo tanto, las uvas maduran lentamente desarrollando sabores afrutados mientras que mantienen su estimulante acidez.

Los Pinot Noir de la región tienden a tener un agradable perfume que sugiere frambuesas, cerezas, clavo y jalea de frutas del campo. Los Chardonnay muestran abundancia de frutas, como manzanas y peras, con una acidez crujiente que les da su carácter.

ORECCHIETTE WITH BROCCOLI RABE
Orecchiette con Brócoli Rabe

Los italianos del sur deben sentirse como en su casa en San Francisco cuando notan el amplio uso del brócoli rabe (también conocido por su nombre italiano, cime di rapa) en los menús locales. Esta verdura, la preferida de las regiones de Campania y Apulia, también tiene un sinnúmero de aficionados en el Área de la Bahía a los que les encanta su sabor amargo. Hace algún tiempo estaba relegada a los mercados italo-americanos, pero hoy en día tiene una gran demanda en los supermercados de San Francisco. Con sus floretes, hojas y tallos de un verde profundo, el brócoli rabe se parece a su pariente el brócoli, pero botánicamente hablando es más parecido al nabo. Para agregarle sabor, añada embutidos desmenuzados o anchoas finamente picadas.

PARA LAS MIGAS DE PAN

1 cucharada de aceite de oliva extra virgen

½ taza (60 g/2 oz) de migas finas de pan

Sal fina de mar

750 g (1½ lb) de brócoli rabe

Sal fina de mar

500 g (1 lb) de orecchiette

⅓ taza (80 ml/3 fl oz) de aceite de oliva extra virgen

4 dientes de ajos grandes, finamente picados

Hojuelas de chile rojo

Rinde de 4 a 6 porciones

1 Para hacer las migas de pan, caliente el aceite de oliva en una sartén pequeña sobre fuego medio-bajo. Añada el pan molido y mezcle hasta cubrirlo con el aceite. Sazone ligeramente con sal y cocine moviendo frecuentemente cerca de 10 minutos, hasta que las migas se doren uniformemente. Coloque sobre un plato y deje enfriar.

2 Hierva en una olla grande tres cuartas parte de agua sobre fuego alto.

3 Mientras tanto, recorte el brócoli rabe quitando las puntas secas y algunos de los tallos que se sientan duros. (Los tallos gruesos del brócoli rabe tienden a ser suaves; los tallos largos son los que necesitarán quitarse).

4 Añada sal al agua hirviendo, agregue el brócoli rabe y cocine de 2 a 3 minutos, revisando frecuentemente hasta que los tallos empiecen a suavizarse. Usando pinzas o una cuchara ranurada y un colador de malla de alambre, saque el brócoli rabe y pase a un colador poniéndolo rápidamente debajo del chorro del agua fría. Escurra y exprima cuidadosamente para retirar el exceso de agua. Pique grueso y reserve.

5 Añada la pasta al agua hirviendo, mezcle y cocine cerca de 12 minutos o según las instrucciones del paquete, hasta que esté al dente.

6 Mientras la pasta se cocina, caliente el aceite de oliva en una sartén grande sobre fuego medio-bajo. Añada el ajo y las hojuelas de chile rojo al gusto y saltee brevemente hasta que el ajo desprenda su aroma. Agregue el brócoli rabe y sazone con sal al gusto. Mezcle para cubrir. Cocine cerca de 2 minutos, hasta que el brócoli rabe esté completamente caliente; mantenga caliente.

7 Cuando la pasta esté lista, saque con un cucharón 1 taza (250 ml/8 fl oz) del agua de cocimiento y reserve. Escurra la pasta y regrese a la olla. Añada el brócoli rabe y mezcle sobre fuego bajo, humedeciendo la pasta si es necesario con el agua del cocimiento reservada.

8 Divida la pasta entre los platos individuales o los tazones para pasta precalentados y cubra cada porción con una poco de las migas de pan tostadas. Puede llevar a la mesa las migas de pan restantes.

Sirva con un vino blanco ligero como el Pinot Grigio o un vino tinto de medio cuerpo como el Chianti.

GRILLED RIB-EYE STEAKS WITH ROASTED GARLIC BUTTER

Rib-Eye a la Parrilla con Mantequilla de Ajo Asado

Como el pueblo de Gilroy se autonombró la Capital Mundial del Ajo y está solamente a una o dos horas de San Francisco, los residentes del Área de la Bahía tienen un cariño especial por "la rosa olorosa". Cada verano, miles de los lugareños van al festival anual del ajo en Gilroy, una celebración para los fanáticos del ajo que dura un fin de semana. Una cabeza entera de ajo rostizado es un aperitivo popular en los restaurantes informales y en las cenas caseras. Al asar los dientes de ajo lentamente se hacen cremosos y suaves, perfectos para untar en crujientes tostadas o para mezclarlos en la mantequilla y hacer un sabroso recubrimiento para los filetes asados.

1 Para hacer la mantequilla de ajo, precaliente el horno a 165°C (325°F). Separe la cabeza de ajo separando los dientes pero sin quitarles la piel. Ponga los dientes de ajo en un tazón pequeño y cúbralos ligeramente con el aceite de oliva. Envuélvalos en papel de aluminio, sin apretar, formando un paquete. Hornee los ajos cerca de 40 minutos, hasta que estén suaves. Retire del horno y deje enfriar.

2 Quite la piel de los dientes de ajo ya fríos y corte las puntitas duras. Aplaste en un mortero usando la mano para formar una pasta (o con la parte plana de un cuchillo de chef sobre una tabla para picar). Añada la mantequilla y el tomillo y mezcle hasta suavizar. Sazone con sal y pimienta al gusto.

3 Prepare un asador de carbón o un asador de gas para asar directamente sobre fuego medio-alto.

4 Sazone los filetes con sal y pimienta por ambos lados. Ponga los filetes en la parrilla del asador directamente sobre el fuego y ase, volteando una vez hasta lograr el término deseado, de 4 a 5 minutos de cada lado para un término medio-rojo.

5 Pase los filetes a platos individuales precalentados. Unte la misma cantidad de la mantequilla sazonada sobre cada filete; ésta se derretirá. Sirva de inmediato.

Sirva con un rico vino tinto con mucho cuerpo como el Cabernet Sauvignon.

PARA LA MANTEQUILLA DE AJO

1 cabeza de ajo

2 cucharaditas de aceite de oliva extra virgen

5 cucharadas (75 g/2½ oz) de mantequilla a temperatura ambiente

2 cucharaditas de tomillo fresco finamente picado

Sal fina de mar y pimienta recién molida

4 filetes de res o rib-eye sin hueso, de 375 g (¾ lb) y de 2.5 cm (1 in) de grueso

Sal fina de mar y pimienta recién molida

Rinde 4 porciones

Rancheros Progresistas

Los chefs y los consumidores del Área de la Bahía son los que más luchan por una comida orgánica y una agricultura sostenible, una postura que los productores locales hacen posible. Hace algunos años hubiera sido difícil para un chef encontrar una fuente confiable de carne orgánica. Actualmente, cualquier chef, profesional o no, que busque pollo y res orgánicos y puercos criados confiablemente puede conseguirlos.

El rancho Niman del Área de la Bahía, que comenzó en el año setenta, ha logrado el mismo éxito con la res, puerco y cordero criados naturalmente que el que ha tenido Petaluma Poultry (página 145) con el pollo libre y orgánico. Su fundador, Bill Niman, empezó con la intención de operar un proyecto para criar ganado cuyo trato fuera humano y ecológicamente sensible. Él usó alimento natural y no proveniente de animales; le permitió a sus animales pastar (la mayoría del ganado va de la leche materna al alimento procesado) y madurar lentamente y rechazó el uso de hormonas de crecimiento o antibióticos en los animales. Los chefs encontraron este producto más sabroso que la res criada en fábricas y el trato de los animales más humano.

Hoy en día hay otras opciones, incluyendo Prather Ranch, Marin Sun Farms y Napa Free-Range Beef.

SLOW-ROASTED DUCK LEGS WITH CARAMELIZED TURNIPS AND TURNIP GREENS

Piernas de Pato Asadas con Nabos Caramelizados

Debido al entusiasmo chino por el pato asado, los residentes de San Francisco que se aventuran en el Barrio Chino han tenido desde hace tiempo acceso al pato fresco criado localmente. Hoy en día muchos de los mercados del Área de la Bahía ofrecen estas aves especiales, no solamente enteras, sino también en piezas como pechugas y piernas. En algunos restaurantes, los chefs cocinan las piernas de pato según el método confit francés, preservándolo en su propia grasa y luego friéndolo en una sartén. Esta receta tiene el rico sabor del lento cocimiento del método confit, pero con menos grasa. Los nabos tiernos jóvenes y sus hojas son el acompañamiento ideal. A menos que los nabos tengan hojas frondosas, necesitará comprar un segundo manojo de hojas.

Sal fina de mar y pimienta negra recién molida

4 bayas de enebro (juniper berries)

12 granos de pimienta negra

4 piernas de pato, cerca de 1 kg (2 lb) de peso total

½ manojo de tomillo fresco

500 g (1 lb) de hojas de nabo, sin tallos gruesos

500 g (1 lb) de nabos, sin piel y cortados en rebanadas de 12 mm (½ in) de ancho

1 diente de ajo grande, finamente picado

Una pizca de hojuelas de chile rojo

Vinagre de vino tinto

Rinde 4 porciones

1 Precaliente el horno a 150°C (300°F). Mezcle en un mortero o molcajete, ¾ cucharadita de sal, las bayas de enebro y los granos de pimienta negra. Muela con la mano del mortero hasta triturar finamente. Sazone las piernas de pato uniformemente con la mezcla. Ponga una rejilla plana dentro de una charola de horno profunda. Divida las ramitas de tomillo en 4 manojos iguales y póngalos en la rejilla en 4 montones separados. Cubra cada montón de tomillo con una pierna de pato, colocando el lado de la piel hacia arriba.

2 Ase las piernas de pato durante 1½ hora. Retire la grasa del refractario y reserve. Continúe asando el pato cerca de 1 hora más, hasta que la piel esté dorada y crujiente, bañándolo una o dos veces con la grasa reservada durante la última hora de cocimiento.

3 Mientras las piernas del pato se cocinan, hierva en una olla grande tres cuartas partes de agua sobre fuego alto. Sale el agua, añada las hojas de nabo y cocine cerca de 5 minutos, hasta suavizar. Escurra en un colador y rápidamente enfríe bajo el chorro del agua fría. Escurra una vez más exprimiendo para quitar el exceso de agua y pique grueso.

4 Cerca de 20 minutos antes de que el pato esté listo, caliente 1 cucharada de la grasa reservada en una sartén sobre fuego medio. Agregue los nabos y sazone con sal y pimienta; mezcle para cubrir con la grasa. Cocine sin tapar, de 15 a 20 minutos, moviendo ocasionalmente, hasta que los nabos estén suaves y de buen color.

5 Mientras los nabos se cuecen, en otra sartén caliente 1½ cucharada de la grasa de pato reservada sobre fuego medio-bajo. Añada el ajo y las hojuelas de chile rojo y saltee brevemente hasta que el ajo aromatice. Añada las hojas de los nabos y cocine moviendo hasta que esté completamente caliente. Sazone con sal y vinagre al gusto.

6 Retire el pato del horno y deseche las ramitas de tomillo de la parte inferior de cada pierna. Divida el pato, nabos y hojas de nabo uniformemente entre los platos individuales precalentados o acomode en un platón de servicio. Sirva de inmediato.

Sirva con un vino tinto de cuerpo medio como el Pinot Noir o Merlot.

VIETNAMESE-STYLE GRILLED FIVE-SPICE CHICKEN

Pollo a las Cinco Especias Asado al Estilo Vietnamita

Muchos vietnamitas que llegaron a residir al Área de la Bahía de San Francisco durante y después de la guerra de Vietnam, introdujeron a los lugareños a una riqueza de nuevos platillos y sabores. El pollo a las cinco especias sazonado con el polvo chino de cinco especias, salsa de soya y salsa de pescado, se convirtió en un éxito instantáneo en los modestos restaurantes familiares vietnamitas que surgieron en el Distrito Richmond y en otros lugares. Busque el polvo de cinco especias en los mercados asiáticos. Las fórmulas varían según los fabricantes, pero la mezcla siempre contiene anís estrella y típicamente incluye hinojo o semillas de anís, canela, clavos y granos de pimienta Sichuan.

1 En un procesador de alimentos pequeño, mezcle el ajo, chalote, jengibre y azúcar; pulse hasta formar una pasta. O, si lo desea, en una tabla de picar combine alternando los ingredientes y usando un cuchillo grande filoso, pique finamente hasta formar una pasta. Pase a un tazón pequeño e integre la salsa de soya, salsa de pescado, polvo de cinco especias y espolvoree varias veces con pimienta para hacer una marinada.

2 Enjuague las piezas de pollo en agua fría y seque con una toalla de papel. Ponga en un recipiente poco profundo y vierta la marinada sobre las piezas. Voltee las piezas en la marinada para cubrir. Tape y refrigere de 8 a 12 horas, volteando el pollo varias veces en la marinada. Deje reposar a temperatura ambiente antes de cocinar.

3 Prepare un asador de carbón o de gas para asado directo sobre fuego medio.

4 Retire las piezas de pollo de la marinada reservando la marinada y ponga el pollo con el lado de la piel hacia abajo en la parrilla del asador, directamente sobre el fuego. Ase de ese lado hasta que esté bien dorado de 11 a 12 minutos, barnizando una o dos veces con la marinada. Voltee, barnice otra vez y ase de 11 a 12 minutos más, hasta que el jugo del pollo salga claro cuando se pique la carne. No barnice el pollo durante los últimos 10 minutos.

5 Retire las piezas de pollo del asador y deje enfriar cerca de 5 minutos, corte cada pechuga transversalmente a la mitad. Pase todas las piezas de pollo a un platón y sirva de inmediato.

Sirva con un vino blanco semi-seco como el Riesling o una cerveza ligera.

6 dientes de ajo, rebanados

1 chalote grande, picado grueso

1 cucharada de jengibre fresco, sin piel y finamente picado

4 cucharaditas de azúcar

¼ taza (60 ml/2 fl oz) de salsa de soya

¼ taza (60 ml/2 fl oz) de salsa de pescado tai o vietnamita

½ cucharadita de polvo de cinco especias (página 186)

Pimienta recién molida

1 pollo, cerca de 1.5 kg (3 lb), cortado en 8 piezas (2 alas, 2 piernas, 2 muslos, 2 pechugas), más 2 alas adicionales

Rinde 4 porciones

SEARED AHI TUNA WITH WARM WHITE BEAN SALAD

Atún Ahi Sellado con Ensalada Tibia de Alubias

Muchos de los comensales en el Área de la Bahía encuentran por primera vez el atún Ahi en los bares sushi, pero luego descubren que es igual de delicioso cocinado que crudo. A algunos cocineros les gusta sellarlo brevemente para que quede crudo en el centro; otros lo prefieren más cocido. Tenga cuidado de no cocinar el pescado mucho tiempo, o quedará seco. Puede cocinar los frijoles un día antes, refrigerarlos en el líquido donde se cocinaron y recalentarlos para hacer la ensalada justamente antes de cocinar el atún. En Italia, una ensalada de atún enlatado y alubias, servida a temperatura ambiente, es un aperitivo popular. Similarmente, en esta receta puede dejar enfriar el atún después de sellarlo y luego desmenuzarlo en las alubias ya preparadas.

PARA COCINAR LOS FRIJOLES

1 taza (220 g/7 oz) alubias o frijoles cannellini secos

1 zanahoria, sin piel y cortada en 4 ó 5 trozos

1 tallo de apio, cortado en 4 ó 5 trozos

½ cebolla amarilla o blanca

1 diente de ajo, ligeramente machacado

Sal fina de mar

PARA LA ENSALADA DE FRIJOLES

1 jitomate grande, sin centro, piel ni semillas (página 187) y cortado en cubos

½ cebolla morada pequeña, finamente picada

1 diente de ajo grande, finamente picado

2 cucharadas de albahaca fresca, picada

1 cucharada de perejil liso (italiano) fresco picado

3 cucharadas de aceite de oliva extra virgen

2 cucharaditas de vinagre de vino tinto, o al gusto

Sal de mar y pimienta recién molida

1 cucharadita de semillas de hinojo

4 filetes de atún Ahi, cada uno de 185 g (6 oz)

2 cucharadas de aceite de oliva extra virgen

Rinde 4 porciones

1 Para cocinar las alubias, primero escoja las que estén en buen estado y deseche las defectuosas y las arenillas. Enjuague y ponga en un tazón con agua para que las cubra generosamente y deje remojar toda la noche. Escurra las alubias, ponga en una olla y añada la zanahoria, apio, cebolla, ajo y cubra completamente con agua y que las rebase por 2.5 cm (1 in). Ponga sobre fuego medio-bajo y hierva lentamente. Tape y ajuste el fuego para mantener un hervor muy ligero. Cocine hasta que las alubias estén suaves cerca de 45 minutos o más, dependiendo de su madurez. Retire del fuego, sazone con sal al gusto y deje enfriar en su líquido hasta que estén tibias. Retire y deseche la zanahoria, apio, cebolla y ajo.

2 Para hacer la ensalada de alubias, escurra los frijoles tibios, reservando el líquido para sopa. Ponga las alubias en un tazón y añada el jitomate, cebolla morada, ajo, albahaca, perejil, aceite de oliva y vinagre. Mezcle cuidadosamente y sazone con sal y pimienta al gusto.

3 Para preparar el atún, usando un mortero con su mano, molcajete o un molinillo de especias, muela las semillas de hinojo finamente. Unte ambos lados de los filetes de atún con 1 cucharada del aceite de oliva. Sazone ambos lados con sal, pimienta y semillas de hinojo.

4 Use una sartén pesada para freír lo suficientemente grande para acomodar todos los filetes en una sola capa sin que se toquen, o use 2 sartenes para freír más pequeños. Ponga sobre fuego alto hasta que estén calientes y añada la cucharada restante de aceite de oliva y mueva para cubrir el fondo de la sartén. Cuando el aceite esté caliente, añada los filetes de atún, reduzca el fuego a medio y cocine hasta que estén de buen color y cocidos en la parte inferior, durante 1 minuto o más dependiendo del grosor. Voltee y cocine hasta que los filetes estén húmedos y rosados, no rojos, en el centro, cerca de 1 minuto más.

5 Divida los filetes entre los platos individuales precalentados. Ponga alrededor la ensalada tibia de alubias, dividiéndola uniformemente. Sirva de inmediato.

Sirva con un vino seco rosado.

BRAISED CHICKEN WITH TOMATO, PANCETTA, AND ZINFANDEL

Pollo Estofado Con Jitomate, Pancetta Y Zinfandel

Los amantes del vino en el Área de la Bahía son tan fanáticos del Zinfandel que en la convención anual para catar de ZAP (Zinfandel Advocates and Producers) que se lleva a cabo cada invierno en San Francisco, se presentan miles de ellos. Con su fama de ser el vino ideal para las ocasiones informales y relajadas, el Zinfandel complementa los cocidos y estofados del invierno, especialmente cuando éstos llevan salsa de tomate. Para este platillo, muchos de los cocineros del Área de la Bahía usan un ave de la compañía Petaluma Poultry del Condado de Sonoma, ya sea el pollo Rocky criado libremente o su pariente Rosie, que son los primeros pollos orgánicos certificados de los Estados Unidos. Sirva este platillo con una cremosa polenta.

1 Cuele el líquido donde se remojaron los hongos a través de un manta de cielo húmeda (muselina) hacia un tazón. Reserve.

2 Enjuague las piezas de pollo, seque con una toalla de papel y sazone con sal y pimienta.

3 Ponga una sartén grande sobre fuego medio-alto hasta que esté caliente. Añada el aceite de oliva y mueva para cubrir el fondo. Cuando el aceite esté casi humeante, añada el pollo colocándolo en una capa con el lado de la piel hacia abajo. Reduzca el fuego a medio y cocine hasta dorar, cerca de 8 minutos, luego déle la vuelta y dore del otro lado, cerca de 8 minutos más. Pase el pollo a un platón. Reserve una cucharada de la grasa en la sartén y deseche el resto.

4 Regrese la sartén a fuego medio-bajo y añada el tocino. Cocine cerca de 1 minuto, moviendo hasta que el tocino o pancetta esté crujiente. Agregue el ajo y la salvia y cocine moviendo cerca de 1 minuto. Añada el vino y deje hervir suavemente por un momento raspando con una cuchara de madera los trocitos dorados del fondo de la sartén. Añada los jitomates y los hongos porcini con su líquido. Deje hervir lentamente y ajuste el fuego hasta mantener un hervor suave y cocine sin tapar durante 15 minutos. Añada un poco de agua si la salsa está muy seca.

5 Precaliente el horno a 95°C (200°F). Regrese el pollo a la sartén, tape y hierva lentamente cerca de 15 minutos, hasta suavizar, volteando una vez en la salsa. Conforme vayan estando listas las piezas, pase a un platón refractario y colóquelo en el horno para mantenerlas calientes. (Quizás las pechugas estén listas primero). Si la salsa se ve líquida, eleve la temperatura y hierva hasta espesar. Usando una cuchara, cubra el pollo con la salsa y adorne con el perejil. Sirva de inmediato.

Sirva con un vino tinto aromático como el Zinfandel.

---

15 g (½ oz) hongos porcini (ceps) secos, remojados en ¾ taza (180 ml/6 fl oz) de agua caliente hasta suavizar, escurridos, reservando el líquido, y picados

1 pollo de cerca de 1.75 g (3½ lb) cortado en 8 piezas (2 alas, 2 piernas, 2 muslos y 2 pechugas)

Sal fina de mar y pimienta recién molida

1 cucharada de aceite de oliva extra virgen

90 g (3 oz) de pancetta o tocino, finamente picado

2 dientes de ajos grandes, finamente picados

1 cucharada de salvia fresca, finamente picada

½ taza (125 ml/4 fl oz) de Zinfandel

1 lata (455 g/14½ oz) de jitomates guaje (Roma) con jugo, licuados en puré

1½ cucharada de perejil liso (italiano) fresco, finamente picado

Rinde 4 porciones

Meat Takes the Cure

Los cocineros del Área de la Bahía pueden comprar un producto de carne curada hecho localmente ya sea que necesiten pancetta, prosciutto o paté. Las tradiciones de la *charcuteri* francesa y la *salumeria* italiana tienen éxito en varias tiendas del Área de la Bahía dedicadas al oficio de las carnes y embutidos curados.

P.G. Molinari fue un inmigrante Piamontés que estableció una fábrica de salami en North Beach en 1896 y una década después abrió una tienda especializada en alimentos. Hoy en día, los lugareños que necesitan *soppressata* o mortadella saben que todavía pueden encontrar los productos de Molinari en su tienda original y en los mercados de la ciudad.

Los entusiastas de la comida francesa buscan al productor local de charcuterie Marcel et Henri desde los años sesenta cuando necesitan patés, galantinas y mousse de hígado de pato. En los años ochenta el economista retirado Hobbs Shore descubrió una segunda profesión cuando los cocineros empezaron a aclamar las carnes que él ahumaba como un pasatiempo. En la actualidad, su tocino, prosciutto y pancetta ahumados con virutas de manzana son los preferidos. Otra empresa local, Aidells Sausage Company, revolucionó el mundo de los embutidos al introducir sabores contemporáneos frescos como los jitomates deshidratados y el pollo a la manzana.

SIDE DISHES

Los mejores productos del Norte de California llegan a los mercados de San Francisco

y los cocineros se ven tentados a darle el lugar principal a las verduras de temporada.

Los comensales del Área de la Bahía tienen pasión por las verduras, quizás porque viven muy cerca del lugar en donde se cosechan. Comparados con los cocineros de otros lugares los de San Francisco son muy afortunados, ya que están acostumbrados a trabajar con las verduras que tienen menos de cuarenta y ocho horas de haber sido cosechadas. Con esa calidad a su alcance, los ciudadanos han aprendido a preparar las verduras en forma sencilla, presentándolas únicamente con un aderezo bien elegido. Quizás utilicen una pizca de semillas de anís molidas para intensificar el sabor de los betabeles asados, chiles chipotles para dar vida al elote dulce, una cucharada de pasta de chile tai para darle un toque a un sofrito de ejotes largos o un simple rocío de aceite de oliva local sobre cremosas papas asadas.

GARLIC-AND-ROSEMARY-ROASTED FINGERLING POTATOES

Papas Cambray Asadas al Ajo y Romero

Las papas Fingerling, así llamadas por tener una forma alargada y delgada, fueron introducidas en los mercados del Área de la Bahía por los granjeros que querían complacer a un grupo selecto de comensales gourmet. Sin embargo, han encontrado a una gran audiencia que las prefiere. Su piel es delgada y su pulpa densa y acerada, y se cocinan rápidamente por ser pequeñas. Se asan en un recipiente de acero inoxidable a fuego alto con hierbas frescas y ajo, se doran de maravilla y perfuman la cocina mientras se cocinan. Los pequeños dientes de ajo con los que se acompañan probablemente queden muy caramelizados para poder comerse, pero los ajos más grandes deberán quedar suaves y cremosos.

1 Precaliente el horno a 220°C (425°F). Ponga las papas en un tazón grande y cubra uniformemente con el aceite de oliva. Pase a un recipiente de acero inoxidable para asar o a una sartén lo suficientemente grande para acomodarlas en una sola capa. Sazone con sal.

2 Separe la cabeza de ajo en dientes individuales, pero no les quite la piel. Coloque los ajos alrededor de las papas. Separe las hojitas de romero del tallo y colóquelas alrededor de las papas.

3 Hornee las papas cerca de 30 minutos, moviendo una o dos veces hasta que estén doradas y puedan picarse fácilmente con la punta de un cuchillo. Pase a un tazón precalentado y sirva de inmediato.

750 g (1½ lb) de papas Fingerling u otras papas cambray aceradas

2 cucharadas de aceite de oliva extra virgen

Sal fina de mar

1 cabeza de ajo

1 ramita de romero fresco, de cerca de 15 cm (6 in) de largo

Rinde 4 porciones

Oro Líquido

Al igual que las compañías vitivinícolas, que generalmente son sus vecinas, una nueva generación de cultivadores de aceitunas en California del Norte ha decidido producir un producto tan fino como los europeos. En los mercados del Área de la Bahía, los compradores pueden encontrar aceites de los productores locales hermosamente empacados a un lado de los aceites importados.

Ya que las aceitunas y las uvas tienden a medrar en un tipo de suelo y medio ambiente similares, muchos de los nuevos productores de aceite en realidad son antiguos lagares. Algunos, como el Long Meadow Ranch en St. Helena, están empleando los árboles que han estado en su propiedad por varias décadas. Otros, como Araujo, han importado árboles de Francia e Italia, seleccionando variedades renombradas por su calidad.

Dos de los productores del Área de la Bahía decididos a hacer del aceite de oliva extra virgen un negocio viable, son DaVero en Healdsburg y McEvoy Ranch en Petaluma. Ambos usan exclusivamente variedades de aceitunas toscanas para producir aceites sumamente aromáticos con el mismo sabor que sus homólogos toscanos.

Para mantener su alto nivel de calidad, los productores han creado el California Olive Oil Council. Para ganar el sello "Certified Extra Virgin" que denota calidad; el aceite debe pasar un riguroso control de calidad.

SOFT POLENTA WITH TELEME CHEESE
Polenta Suave con Queso Teleme

Mucho antes de que la polenta se pusiera de moda en restaurantes italianos de costa a costa, los residentes de San Francisco podían comprar la harina de maíz gruesa (polenta) en North Beach. Actualmente una guarnición de polenta es casi tan común para los residentes del Área de la Bahía como el puré de papas y se puede encontrar en muchos de los menús como guarnición para las chuletas pequeñas asadas a las brasas o la pierna de cordero o asado de puerco. El secreto para hacer una buena polenta es cocinarla completamente durante cuarenta y cinco minutos hasta que ya no esté granulosa. Si se pone en un platón o en una tabla de madera, queda como un rústico acompañamiento para una cena familiar. La Compañía de Queso Peluso en Los Banos no es la única productora del queso Teleme de California, pero está ampliamente considerada como la mejor.

4 cucharadas (60 g/2 oz) de mantequilla

½ cebolla amarilla o blanca grande, finamente picada

1 hoja de laurel

1 taza (155 g/5 oz) de polenta

¼ taza (30 g/1 oz) de queso Parmesano rallado

Sal fina de mar y pimienta recién molida

125 g (¼ lb) de queso Teleme, preferiblemente de la marca Peluso (página 68), a temperatura ambiente

Rinde 6 porciones

1 Derrita 2 cucharadas de mantequilla en una olla grande sobre fuego medio-bajo. Añada la cebolla y saltee cerca de 10 minutos, hasta suavizar.

2 Mientras tanto, hierva 5 tazas (1.25 l/40 fl oz.) de agua. Añada el agua y la hoja de laurel a la mezcla de la cebolla y hierva lentamente.

3 Agregue la polenta gradualmente al agua hirviendo y bata constantemente; cuando la mezcla empiece a espesar, use una cuchara de madera. Ajuste el fuego para que la mezcla burbujee lenta pero constantemente. Cocine cerca de 45 minutos, moviendo frecuentemente, hasta que la polenta esté suave y no grumosa, agregándole más agua hirviendo si se espesara mucho antes de estar lista. Pruebe y retire la hoja de laurel cuando haya impartido suficiente sabor. Integre el Parmesano y las 2 cucharadas restantes de mantequilla. Sazone con sal al gusto y retire del fuego.

4 Coloque la polenta en un platón grande o a una tabla de madera. Corte el queso Teleme en 10 ó 12 rebanadas y acomode sobre la polenta, metiéndolas ligeramente dentro de ella para que se derritan con el calor. Muela pimienta sobre la polenta y sirva de inmediato.

ROASTED BEETS WITH ANISE
Betabeles Asados con Anís

Los betabeles son rojos en la mayoría del país, pero en San Francisco se dan en un arco iris de colores. Rosa, dorado, rosa y blanco como ojo de toro, e incluso betabeles blancos hacen que los cocineros tengan la tentación de cocinar esta humilde verdura como una guarnición estrella. Una vinagreta al jerez con anís molido complementa los betabeles de cualquier color. Acompáñelos con puerco asado, chuletas de puerco, o pato. Si mezcla betabeles de diferentes colores, ase y decore los betabeles rojos por separado para que no pinten a los otros. Los mejores y más dulces betabeles tienen varias hojas verdes, lo cual es un signo de frescura. No tire las hojas verdes. Hierva brevemente, escurra hasta secar y recaliente con aceite de oliva y ajo.

1 Precaliente el horno a 200°C (400°F). Si las hojas de betabel están todavía pegadas, corte y separe, dejando 2.5 cm (1 in) del tallo intacto para evitar que se perfore la piel (deje la raíz pegada también). Reserve las hojas para otro uso. Ponga los betabeles en un refractario con agua hasta obtener una profundidad de 6 mm (¼ in). Tape y hornee cerca de 1 hora, hasta que los betabeles se puedan picar fácilmente con la punta de un cuchillo.

2 Retire los betabeles del horno y cuando se enfríen lo suficiente para poder tocarlos, retire la piel y recorte las raíces. Corte los betabeles en rebanadas, ponga en un tazón y mezcle con el vinagre mientras estén todavía calientes.

3 Usando un mortero y su mano, molcajete o un molino de especias, muela finamente las semillas de anís. En un pequeño tazón bata el aceite de oliva con el ajo y las semillas de anís molidas. Vierta la mezcla sobre los betabeles calientes y mezcle para cubrir uniformemente. Sazone con sal al gusto. Sirva los betabeles calientes, a temperatura ambiente o fríos.

6 betabeles, cerca de 750 g (1½ lb) de peso total sin las hojas

1½ cucharada de vinagre al jerez

1 cucharadita escasa de semillas de anís

2 cucharadas de aceite de oliva extra virgen

1 diente de ajo pequeño, finamente picado

Sal fina de mar

Rinde 4 porciones

STIR-FRIED LONG BEANS WITH THAI CHILE PASTE

Ejotes Fritos con Pasta de Chile Tai

Los ejotes largos chinos, también conocidos como ejotes de yarda, pueden medir cerca de 45 cm (18 in) o más de largo. La mayoría de ellos son de color verde oscuro, pero también hay algunos verde pálido en los mercados asiáticos. Los supermercados del Área de la Bahía generalmente tienen ejotes largos, lo cual es una señal de su popularidad entre los no asiáticos que aprecian su rico sabor y correosa textura. En los restaurantes chinos generalmente se saltean con carne molida de puerco y sazonadores como ajo y jengibre. En esta receta se saltean con pasta de chile tai asado, salsa de pescado y aromática albahaca tai, la cual tiene un perfume más parecido al regaliz que a la albahaca mediterránea. Sirva con pollo asado y arroz.

Sal fina de mar

500 g (1 lb) de ejotes largos chinos, con las puntas recortadas, cortados en trozos de 10 cm (4 in) de largo

1½ cucharada de aceite de cacahuate

1½ cucharada de pasta de chile tai asada (página 187)

1 cucharada de salsa de pescado tai o vietnamita (página 186)

⅓ taza (10 g/⅓ oz) de hojas de albahaca tai frescas

Rinde 4 porciones

1 Hierva agua en una olla grande sobre fuego alto. Sale el agua hirviendo, añada los ejotes largos y cocine cerca de 3 minutos, hasta que estén un poco suaves. Escurra en un colador y enjuague bajo el chorro de agua fría para detener el cocimiento. Seque completamente con una toalla de papel.

2 Ponga un wok o una sartén grande sobre fuego medio-alto y caliente. Agregue el aceite de cacahuate y mueva la sartén para cubrir el fondo. Añada los ejotes largos y la pasta de chile y saltee hasta que los ejotes estén uniformemente cubiertos con los condimentos. La pasta de chile puede formar grumos al principio pero eventualmente se disolverá y cubrirá los ejotes. Si los ejotes están todavía un poco duros, añada una cucharada o dos de agua, tape y deje que se cocinen al vapor hasta que estén a su gusto. Destape y rocíe con la salsa de pescado.

3 Retire del fuego, añada la albahaca y mezcle para distribuir uniformemente. Pase a un platón de servicio precalentado y sirva de inmediato.

GORDON'S RED POTATO SALAD WITH WHOLE-GRAIN MUSTARD DRESSING

Ensalada de Papas con Aderezo de Mostaza al Estilo Gordon

Los vinateros de Napa Valley viajan por el mundo promoviendo su vino en restaurantes elegantes, pero cuando están en casa a muchos de ellos les encanta ir al restaurante Gordon. Este modesto café y bar de vinos es probablemente el corazón de la comunidad de Yountville. Los domingos en la mañana, los lugareños se dirigen ahí a tomar café y huevos como si fuera su propio desayunador. A la hora del almuerzo, las dueñas Rally Gordon y Mari Jennings acompañan sus generosos sándwiches con una ensalada de papas a la mostaza que es famosa localmente. Sirva con sándwiches de embutidos de carne o acompañe con salchichas asadas.

1 En una olla grande ponga las papas en suficiente agua para que las cubra y sobrepase por 2.5 cm (1 in). Sale el agua, ponga sobre fuego alto y hierva. Reduzca el fuego a medio y hierva lentamente sin tapar cerca de 10 minutos, hasta que las papas se sientan suaves al picarlas con la punta de un cuchillo. Pique las papas frecuentemente y tenga cuidado de no sobre cocinarlas.

2 Mientras se están cocinando las papas, mezcle en un tazón grande la mayonesa, perejil, estragón, alcaparras, cebolla, mostaza de grano entero y Dijon, ½ cucharadita de sal y 2 cucharadas de agua. Bata hasta integrar y sazone con pimienta al gusto.

3 Escurra las papas e inmediatamente añádalas al aderezo. Mezcle para cubrir uniformemente y deje enfriar a temperatura ambiente. Tape y refrigere hasta que se enfríen. Adelgace el aderezo al momento de servir con un poco de agua, si fuera necesario.

1 kg (2 lb) de papas criollas pequeñas, en cuarterones

Sal fina de mar y pimienta recién molida

½ taza (125 ml/4 fl oz) de mayonesa, hecha en casa o comprada

½ taza (20 g/¾ oz) de perejil liso (italiano) fresco, picado

1½ cucharada de estragón fresco, picado

2 cucharadas de alcaparras, picadas

¼ cebolla morada grande, finamente rebanada

1 cucharada de mostaza de grano entero

1½ cucharadita de mostaza Dijon

Rinde 6 porciones

Cenando en la Tierra de Vinos

Durante varios años, el panorama de cenar fuera en Napa Valley no se comparaba con la fama de sus vinos. Los lugareños algunas veces bromeaban, diciendo que el mejor restaurante en Napa era un restaurante de carnes en Sonoma.

Pero ahora ya no es así. Hoy en día Napa Valley atrae a los visitantes no solamente por sus famosos vinos sino por su comida tan suculenta. Ciertamente el mejor restaurante informal es el Taylor's Refresher, un restaurante de hamburguesas remodelado en St. Helena con auto servicio y mesas en el jardín. Los comensales que busquen una experiencia ligeramente más formal probablemente deberán ir al Bistro Don Giovanni en Napa, un restaurante de cocina californiana-italiana, o a uno de los dos ultra-franceses bistros de Yountville: Bouchon y Bistro Jeanty.

Los residentes de Napa Valley están orgullosos, y con mucha razón, del famoso French Laundry, un restaurante en Yountville con fama mundial, pero los restaurantes menos elegantes del valle también son muy agradables.

En el vecino condado de Sonoma también hay muchas opciones en donde comer. Para el medio día, la Taquería El Sombrero en Sonoma hace unos tacos verdaderamente excepcionales. Para una cena tranquila acompañada de vinos locales, el Dry Creek Kitchen es elegante y uno de los favoritos en Healdsburg.

GIANT WHITE BEANS WITH SAGE AND TOMATO

Frijoles Blancos con Salvia y Jitomate

Los frijoles Griegos gigantes, que se cosechan en el Phipps Ranch, son los preferidos en el Área de la Bahía, admirados por su impresionante tamaño, su carnosidad y su cremosa textura. Son de color crema, alargados y asombrosamente abultados. En Grecia se cocinan con jitomate, como en esta receta, o con pimientos rojos (capsicums) asados. Son un buen acompañamiento para el cordero asado, chuletas de puerco asadas en la sartén, o salchichas asadas en el asador. Al igual que muchos platillos de frijoles secos, éste es aún mejor si se hace con un día de anticipación. Los frijoles gigantes se pueden comprar directamente del Phipps Ranch (vea página 187).

1 Para cocinar los frijoles o alubias, enjuáguelos bien, póngalos en un tazón con agua cubriéndolos generosamente y deje remojar durante toda la noche. Escurra los frijoles o alubias, ponga en una olla grande y añada la zanahoria, apio, cebolla, ajo, hoja de laurel y agua a que los cubra y sobrepase 2.5 cm (1 in). Hierva lentamente sobre fuego medio-bajo. Tape y ajuste el fuego para mantener un hervor muy ligero. Cocine cerca de 1 hora o más, hasta que los frijoles estén suaves, dependiendo de su madurez. Retire del fuego y deje enfriar en el líquido. Retire y deseche la zanahoria, apio, cebolla, ajo y la hoja de laurel. Escurra los frijoles o alubias reservando el líquido. Reserve.

2 En una sartén para freír grande, caliente ¼ taza de aceite de oliva sobre fuego medio-bajo. Añada la cebolla, ajo, salvia y las hojuelas de chile rojo y saltee cerca de 10 minutos, hasta que la cebolla esté suave. Agregue el jitomate y el orégano, desbaratando la hierba entre sus dedos. Hierva lentamente y cocine moviendo de vez en cuando durante 5 minutos para combinar los sabores. Añada un poco del líquido de los frijoles o alubias si la mezcla empezara a secarse.

3 Añada los frijoles o alubias y la suficiente cantidad del líquido en que se cocieron para apenas cubrirlos. Sazone con sal y hierva lentamente. Tape parcialmente y hierva cerca de 30 minutos, hasta que se haya absorbido la mayor parte del líquido. Retire del fuego y deje que los frijoles o alubias reposen durante 15 minutos antes de servir.

4 Justo antes de servir, integre un poco del aceite de oliva adicional para darle más sabor. Divida los frijoles o alubias entre los platos individuales precalentados. Sirva de inmediato.

PARA COCINAR LOS FRIJOLES

1½ taza (330 g/10½ oz) de frijoles gigantes secos u otros frijoles blancos grandes secos como cannellini o alubias

1 zanahoria, cortada en 5 ó 6 trozos

1 tallo de apio, cortado en 5 ó 6 trozos

½ cebolla amarilla o blanca

2 dientes de ajo, ligeramente machacados

1 hoja de laurel

¼ taza (60 ml/2 fl oz) de aceite de oliva extra virgen, más el necesario para el final

½ cebolla amarilla o blanca grande, finamente picada

2 dientes de ajo, finamente picados

1 cucharada de salvia fresca, picada

Una pizca generosa de hojuelas de chile rojo

¾ taza (140 g/4½ oz) de jitomates enlatados con algo de jugo, finamente picados

½ cucharadita de orégano seco

Sal fina de mar

Rinde 6 porciones

La Agricultura en la Orilla Urbana

Con un clima que prácticamente garantiza la temporada de cultivo durante todo el año, la gran Área de la Bahía podría ser un paraíso agrícola y en años pasados, así lo era. Tristemente, la urbanización ha causado que la mayoría de las granjas que estaban cerca de la ciudad hayan cerrado. Las pocas que han quedado son atesoradas por los residentes.

Al sur de San Francisco, Iacopi Farm en Half Moon Bay es la única granja que ha sobrevivido a lo que fuera alguna vez una comunidad agrícola italiana. Las habas, chícharos, frijoles romanos y frijoles cranberry de la granja son algunos de los productos favoritos de los mercados locales. Cerca de ahí, en Pescadero, el Phipps Ranch cosecha los frijoles con cáscara que se venden rápidamente.

En Brentwood, al este de San Francisco, Rick y Kristie Knoll han construido una pequeña granja muy exitosa que se especializa en higos, ajo verde, habas y frutas con hueso. La granja vecina Frog Hollow es famosa por dejar madurar sus duraznos en los árboles y sus jugosas nectarinas blancas, así como por las deliciosas mermeladas y galletas.

Al norte de San Francisco, Green Gulch Farm cultiva hortalizas y betabeles impecables, mientras que Star Route Farm ha adquirido su fama por sus legumbres y productos originales como ortigas y hierba asiática (purslane).

CORN ON THE COB WITH CHIPOTLE-LIME BUTTER

Elotes con Mantequilla de Chipotle y Limón

Poco conocidos fuera de la comunidad mexicana hasta los años noventa, los chiles chipotle han tenido un éxito enorme. A los cocineros del Área de la Bahía les gusta su sabor ahumado (un chipotle es un jalapeño seco y ahumado) y libremente improvisan con él añadiéndolo a las sopas, salsas y guisados. Los chipotles en lata adobados, chiles enteros conservados en jitomate, vinagre y especias, se pueden encontrar en los mercados mexicanos y en la mayoría de los supermercados. Acompañados de mantequilla y limón, los chiles le dan a los elotes del verano una deliciosa sazón y son igualmente buenos untados generosamente en los camarones asados. Los chipotles que sobren se pueden guardar en el refrigerador en un frasco de vidrio cerrado herméticamente.

PARA LA MANTEQUILLA

½ taza (125 g/4 oz) de mantequilla, a temperatura ambiente

3 cucharadas de cilantro fresco finamente picado

1 cucharada de ralladura de limón

1 chile chipotle en salsa de adobo, finamente picado

Sal fina de mar

6 elotes enteros grandes, amarillos o blancos, sin hojas

Rinde 6 porciones

1 Para hacer la mantequilla, mezcle la mantequilla, cilantro, ralladura de limón y chile chipotle, revolviendo con una cuchara hasta suavizar. Sazone con sal al gusto.

2 Ponga a hervir una olla grande con tres cuartas partes de agua sobre fuego alto. Añada los elotes, tape y cocine cerca de 50 minutos hasta que estén suaves. Retire del fuego. Deje reposar durante 5 minutos.

3 Usando unas pinzas, saque los elotes del agua y ponga sobre una toalla de cocina para escurrir brevemente; pase a un platón de servir o a platos individuales. Unte generosamente con la mantequilla sazonada dividiéndola uniformemente. Quizás no se necesite toda. Sirva de inmediato.

DESSERTS

Muchos admiradores de los postres de la Bahía prefieren los postres que celebran la cosecha,

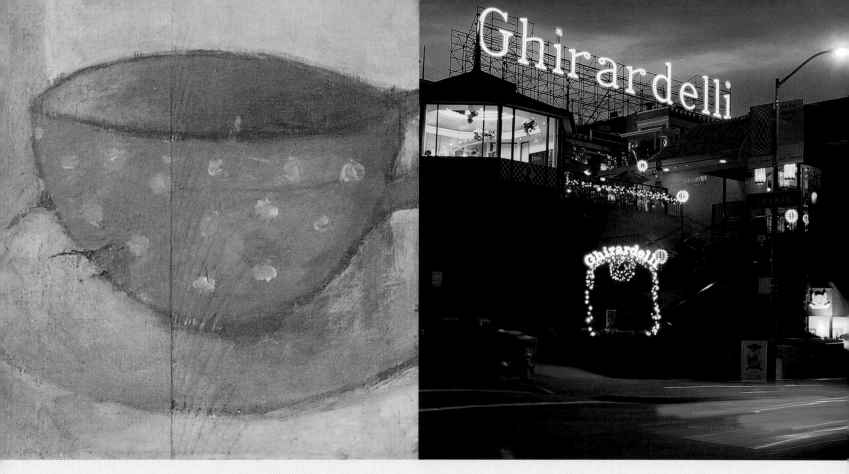

pero la mayoría están de acuerdo en que el chocolate se puede comer en cualquier temporada.

Al igual que cualquier otro tiempo de una comida, los postres del Área de la Bahía van de acuerdo a las estaciones, a menudo incorporando las frutas de la temporada. Muy pocos de los cocineros locales toman en cuenta las frutas del Hemisferio Sur ya que el mercado de invierno del Área de la Bahía tiene sus atractivos propios, como los cítricos, granadas y nueces. Los aromáticos limones Meyer perfuman helados, pasteles y *pots de crème* en el invierno. En primavera, las fresas se convierten en exquisitas tartas y helados. La bonanza de las frutas del verano inspira a los cocineros para hacer coloridas galettes y el otoño ofrece abundancia de peras, pérsimos y manzanas. Además, los comensales del Área de la Bahía demuestran su afecto hacia los chocolates presentados en cualquier forma.

STRAWBERRY SUNDAE WITH MASCARPONE ICE CREAM

Sundae de Fresa con Helado Mascarpone

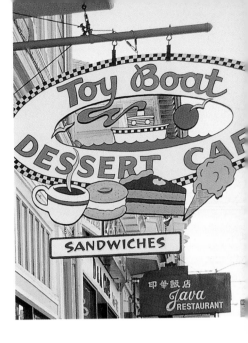

Usted no tiene que ser un niño para sucumbir a la delicia de un sundae, especialmente si está hecho con fresas y helado con sabor mascarpone. Sirva en copas de cristal para que puedan lucir las capas de la salsa rojo brillante, las rebanadas de fresa y el helado derretido. El mascarpone se parece a la crème fraîche francesa pero es más espeso y menos ácido. Está hecho con crema cuajada y drenada hasta que toma la consistencia de un betún para pastel. Utilizándolo en forma de helado, el mascarpone obtiene un sabor parecido al cheesecake. Las fresas son el acompañamiento ideal, especialmente las de Watsonville, al sur de San Francisco, en el verano.

1 Para preparar el helado, mezcle en una olla la media crema con la crema. Con la punta de un cuchillo raspe las semillas de la raja de vainilla en mitades. Bata y agregue la raja de vainilla. Coloque sobre fuego medio-bajo, hierva a fuego lento, tape, retire del fuego y deje remojar durante 15 minutos.

2 En un tazón bata las yemas con el azúcar, hasta obtener una mezcla color amarillo pálido y que se forme un listón cuando levante el batidor. Esto tomará cerca de 3 minutos. Batiendo, integre gradualmente la mezcla tibia de la crema (incluyendo la raja de vainilla). Vuelva a colocar la mezcla en la olla y cocine sobre fuego medio-bajo, moviendo con una cuchara de madera constantemente, hasta que la mezcla se vea espesa y cubra la cuchara. (Debe registrar 81°C/178°F en un termómetro de lectura instantánea). No permita que hierva o de lo contrario, se cuajará.

3 Inmediatamente retire la natilla del fuego y mueva durante 1 minuto. Deje enfriar 15 minutos e integre, batiendo, el mascarpone. Pase a través de un colador de malla mediana hacia un tazón. Tape y refrigere, aproximadamente durante 6 horas o por toda la noche.

4 Congele en una máquina para preparar helado de acuerdo a las instrucciones del fabricante. Pase a un recipiente hermético y coloque en el congelador.

5 Para preparar la salsa, bata las fresas, azúcar y jugo de limón en una olla no reactiva. Deje reposar 1 hora, moviendo una o dos veces para disolver el azúcar. Coloque la olla sobre fuego medio, deje hervir a fuego lento 5 minutos. Retire del fuego, deje enfriar, tape y refrigere cerca de 6 horas, hasta que esté muy fría.

6 Antes de servir, tueste las almendras. Precaliente el horno a 165°C (325°F). Distribuya las almendras en una charola de horno y tuéstelas aproximadamente 10 minutos, hasta que se doren y aromaticen ligeramente. Deje enfriar.

7 Para montar el sundae, ponga una bola de helado en cada copa, coloque algunas rebanadas de fresa y 2 cucharadas de la salsa de fresa. Añada una segunda bola de helado, más fresas y otras 2 cucharadas de salsa en cada copa. Cubra con almendras, repartiéndolas uniformemente. Sirva de inmediato.

PARA EL HELADO

1 taza (250 ml/8 fl oz) de media crema o half and half (½ taza de leche evaporada mezclada con ½ taza de leche)

1 taza (250 ml/8 fl oz) de crema dulce para batir (double)

½ raja de vainilla, partida a la mitad a lo largo

6 yemas de huevo

⅔ taza (55 g/5 oz) de azúcar

1 taza (250 g/8 oz) de queso mascarpone

PARA LA SALSA

2 tazas (250 g/8 oz) de fresas, sin tallo y picadas toscamente

7 cucharadas (105 g/3½ oz) de azúcar

1 cucharadita de jugo de limón fresco

½ taza (60 g/2 oz) de hojuelas de almendra

2 tazas (250 g/8 oz) de fresas, sin tallo y rebanadas

Rinde 6 porciones

PLUM AND BLACKBERRY SORBET
Nieve de Ciruela y Zarzamora

Al añadir zarzamoras a esta nieve se obtendrá un color morado profundo y un sabor más complejo que si se utilizaran únicamente ciruelas. Acompañe con galletas de nuez con mantequilla o biscotti. Si usted prepara la nieve varias horas antes, retire del congelador y deje que se suavice durante algunos minutos para que sea más fácil servirla. Puede utilizar cualquier tipo de ciruelas aromáticas y sabrosas para esta receta; las zarzamoras u olallieberries (un híbrido jugoso de las zarzamoras) pueden ayudar a obtener un mejor color si utiliza ciruelas de color pálido. Las ciruelas de piel oscura Santa Ros, que tienen carne color ámbar y que se cultivan ampliamente en el norte de California, son las favoritas de la localidad.

⅔ taza (155 g/5 oz) de azúcar

⅔ taza (160 ml/5 fl oz) de agua

500 g (1 lb) de ciruelas, sin hueso

1½ taza (185 g/6 oz) de zarzamoras u olallieberries, más las necesarias para decorar

Rinde 4 porciones

1 En una olla pequeña sobre fuego medio, mezcle el azúcar con el agua. Hierva moviendo para disolver el azúcar. Retire del fuego y deje enfriar completamente el almíbar.

2 En un procesador de alimentos, mezcle las ciruelas con las zarzamoras y procese hasta que se forme un puré terso. Pase a través de un colador de malla fina colocado sobre un tazón. Presione fuertemente los sólidos con una espátula de hule contra el colador para obtener la mayor cantidad de puré, retirando las semillas y la piel. Vierta el almíbar frío. Tape y refrigere, aproximadamente 6 horas o por toda la noche, hasta que esté muy frío.

3 Congele la base de la nieve en una máquina para preparar helado de acuerdo a las instrucciones del fabricante. Pase a un recipiente hermético y coloque en el congelador. Sirva adornando con algunas zarzamoras en la superficie.

BUTTERMILK PANNA COTTA WITH SUMMER FRUIT COMPOTE

Panna Cotta con Compota de Frutas del Verano

Una suave y temblorosa panna cotta con la sutil acidez del buttermilk son la pareja ideal de una mezcla de frutas del verano. Al norte de Italia, en donde se originó este postre, la panna cotta (literalmente crema cocida) se hace totalmente con crema espesa. Al añadir el buttermilk se aligera el postre y contribuye al sabor agradablemente ácido e intrigante de un producto lácteo cultivado. Este postre hace uso de la gran variedad de berries (fresas, zarzamoras etc), higos y frutas con hueso que hay en los mercados de agricultores de San Francisco.

1 Para preparar la *panna cotta*, humedezca una tolla de papel con aceite y engrase ligeramente 6 refractarios individuales o ramekins de (180 ml/6 fl oz).

2 Ponga el agua en uno de los refractarios Espolvoree la grenetina uniformemente sobre el agua y deje reposar 10 minutos, hasta que se suavice. Coloque el refractario dentro de una olla pequeña y añada agua a la olla hasta cubrir la mitad de los lados del refractario. Coloque sobre fuego medio y deje hervir a fuego lento para disolver la grenetina. Retire del fuego dejando el refractario adentro.

3 En otra olla pequeña sobre fuego medio, mezcle la crema con la azúcar granulada y deje que hierva a fuego lento, moviendo continuamente. Retire del fuego y añada, batiendo, la grenetina. Deje enfriar 1 minuto, integre batiendo el buttermilk y el extracto de almendra. Divida la mezcla uniformemente en los moldes preparados. Tape y refrigere hasta que cuaje, aproximadamente 4 horas o por toda la noche.

4 Para preparar la compota, mezcle en un tazón grande las frutas, azúcar pulverizada, jugo de limón y anís. Bata ligeramente para distribuir en forma uniforme, tape y refrigere de 4 a 8 horas, moviendo ocasionalmente.

5 Para desmoldar cada *panna cotta*, coloque los refractarios en un tazón con agua caliente durante 10 segundos. Coloque un plato de postre invertido sobre un refractario y voltee ambos al mismo tiempo. Sacuda el molde ligeramente para sacar la *panna cotta*; deberá resbalar con facilidad. Coloque la compota de fruta alrededor de la *panna cotta* distribuyéndola uniformemente. Sirva de inmediato.

Sirva con un vino Riesling dorado y rico de cosecha tardía.

PARA LA PANNA COTTA

Aceite de canola o vegetal para engrasar los moldes

2 cucharadas de agua

1½ cucharaditas de grenetina sin sabor

2 tazas (500 ml/16 fl oz) de crema dulce (double)

7 cucharadas (105 g/3½ oz) de azúcar granulada

1 taza (250 ml/8 fl oz) de buttermilk (o yogurt)

⅛ cucharadita de extracto (esencia) de almendra

PARA LA COMPOTA

4 tazas (625-750 g/1¼-1½ lb) de frutas mixtas como ciruelas, nectarinas, duraznos, higos sin piel, todas sin huesos y en rebanadas y berries (fresas, zarzamoras, frambuesas, etc.) enteras

2 cucharadas de azúcar caster (pulverizada) o al gusto

2½ cucharaditas de jugo de limón fresco o al gusto

2 cucharaditas de licor de anís como el sambuca, o al gusto

Rinde 6 porciones

Dessert Wines

Con una rebanada de queso azul o una delicada *panna cotta,* no hay nada mejor que un vino especial para postre. Desafortunadamente los vinos de postre de alta calidad son exageradamente caros de producir y sólo unos cuantos lagares del Norte de California se han atrevido a hacerlos.

Dolce en Napa Valley es el único lagar Norteamericano que se dedica exclusivamente a la fabricación de un vino para postre, al igual que, por ejemplo, el Chateau d'Yquem en Francia. Introducido con la vendimia de 1989 hecha de uvas Sémillon y Sauvignon Blanc, el Dolce compite con su contraparte francesa.

Uno de los vinos para postre más famoso del norte de California, el Nightingale de los viñedos Beringer tiene su propia historia. Al igual que el Sauternes, está hecho con uvas Sémillon y Sauvignon Blanc. Pero a principios de los años ochenta, el productor de vino Myron Nightingale, trabajando con su esposa Alice, se dieron cuenta de que no tenían que depender de la naturaleza para crear las condiciones que demandaba el hongo botrytis, la "noble podredura", que ataca las vides y que concentra los azúcares. Alice creó un método para cultivar botrytis permitiendo que los viñedos Beringer crearan artificialmente lo que la naturaleza sólo hace en los años buenos. Con este descubrimiento, el vino Nightingale puede hacerse todos los años.

MUSCAT-POACHED PEARS AND DRIED CHERRIES WITH MUSCAT SABAYON

Peras en Moscatel con Cerezas Deshidratadas y Sabayón

En California, los vinos Moscatel están hechos en una gama de estilos. Algunos son ligeramente dulces para tomarse fríos como un delicioso aperitivo. Otros son considerablemente dulces, hechos especialmente para postre. Usted necesitará ajustar el azúcar al cocer las peras en el almíbar. Esta receta se desarrolló con un Moscatel medianamente dulce. Si no encuentra Moscatel, puede cocer las peras con un vino blanco semi-seco, pero el almíbar no será tan sabroso. Usted podrá usar cerezas secas tanto dulces como ácidas (pay), pero si es posible compre aquellas a las que no se les haya añadido edulcorante. Puede encontrarlas en los mercados de agricultores y las tiendas naturistas.

1¼ taza (310 ml/10 fl oz) vino Moscatel californiano

1¼ taza (310 ml/10 fl oz) de agua

½ taza (125 g/4 oz) de azúcar, o al gusto

2 tiras anchas de cáscara de limón

3 peras firmes y maduras como la Bosc o Barlett (William's), sin piel, partidas a la mitad y descorazonadas

½ taza (90 g/3 oz) de cerezas deshidratadas

PARA EL SABAYÓN

½ taza (125 ml/4 fl oz) de crema dulce para batir (double)

4 yemas de huevo

3 cucharadas de azúcar

½ taza (125 ml/4 fl oz) de vino Moscatel californiano

Rinde 6 porciones

1 En una olla ancha lo suficientemente grande para contener las mitades de pera, mezcle el vino, agua, azúcar y cáscara de limón. Coloque a fuego medio y cuando hierva baje el fuego a lento hasta que el azúcar se disuelva.

2 Añada las mitades de pera, tape con un círculo de papel encerado (para hornear) y ajuste la temperatura para mantener hirviendo ligeramente. Cocine sin tapar, hasta que las peras estén a la mitad de su cocción, cerca de 10 minutos, el tiempo dependerá del tamaño y firmeza de las peras. Con cuidado voltee las peras y añada las cerezas, sustituya el papel encerado y continúe hirviendo a fuego lento aproximadamente 10 minutos más, hasta que al tocar las peras con la punta de un cuchillo se puedan partir con facilidad.

3 Con ayuda de una cuchara ranurada pase las peras y cerezas a un tazón. Retire y deseche la cáscara de limón, vuelva a colocar el almíbar a fuego alto y hierva hasta que se reduzca a 1 taza (250 ml/8 fl oz). Retire del fuego y deje enfriar a temperatura ambiente. Ponga el almíbar sobre las peras y cerezas, tape y refrigere cerca de 6 horas, hasta que estén muy frías.

4 Cuando vaya a servir las peras, prepare el sabayón: en un tazón con un batidor o una batidora eléctrica a velocidad media, bata la crema hasta formar picos duros. Tape y refrigere hasta la hora de servir.

5 Tenga listo un tazón grande lleno con agua y hielo. En la parte superior de una olla de baño María o en un tazón refractario, bata las yemas de huevo con el azúcar hasta que la mezcla se torne amarillo pálido. Coloque sobre (sin tocar) el agua hirviendo ligeramente en la olla inferior del baño María y continúe batiendo de 2 a 3 minutos, hasta que la mezcla se aclare, espese y el batido deje una huella. Añada el vino gradualmente, batiendo aproximadamente 10 minutos, hasta que la mezcla esté pálida, espesa, esponjosa y aumente su volumen. No sobre cocine u obtendrá huevos revueltos. Si el sabayón se cuece demasiado rápido, levante del agua la olla o el refractario por uno o dos minutos y continúe batiendo.

6 Retire el baño María o refractario del agua y coloque en el agua con hielo para enfriar rápidamente. Bata de vez en cuando para acelerar el enfriamiento. Cuando esté frío, integre la crema batida con movimiento envolvente.

7 Con una cuchara ranurada, pase las mitades de pera con la parte cortada hacia arriba, sobre platos individuales de postre. Para una presentación más elegante, coloque las peras hacia abajo en una tabla de picado. Empezando por la punta, parta en rebanadas delgadas cada mitad a lo largo, dejando las rebanadas unidas al tallo. Pase cada mitad de pera a un plato. Presione la pera para hacer un abanico con las rebanadas.

8 Con ayuda de una cuchara, ponga algunas cerezas y un poco de almíbar sobre cada mitad de pera. Acompañe con una cucharada grande de sabayón.

Sirva con un Moscatel dulce de California

STEAMED PERSIMMON PUDDING WITH BRANDIED WHIPPED CREAM

Pudín de Pérsimo con Crema Batida al Brandy

Los turistas de California que nunca han visto pérsimos maduros en un árbol, se quedan atónitos al ver el paisaje. Para cuando las frutas maduren y se tornen de un color naranja-calabaza oscuro, los árboles ya habrán tirado todas sus hojas, dejando el cultivo de fines del otoño colgando como decoraciones navideñas. Los árboles sostienen abundante fruta que termina la mayoría de las veces cocida en pudines con especias como el de esta receta. Usted necesitará un molde de pudín con tapa de 2 l (2 qt), de preferencia uno que tenga abrazaderas para mantenerlo en su sitio. También necesitará una cacerola profunda que pueda contener el molde, puesto en una rejilla, con el suficiente espacio en su parte superior para poder tapar la olla. Si usted tiene un inserto de pasta, podrá colocar el molde dentro de él.

1 Con una brocha para repostería, cubra con mantequilla derretida el fondo y las orillas del molde para pudín con tapa (vea Nota) con una capacidad de 2 l (2-qt). Espolvoree el fondo y los lados del molde con el azúcar, golpee para retirar el exceso.

2 Parta los pérsimos a la mitad y deseche los tallos. Retire las semillas, si las hubiere. Retire la pulpa con una cuchara y deseche la piel. En un procesador de alimentos o licuadora, haga un puré con la pulpa, hasta que esté terso. Mida el puré para obtener 2 tazas (560 g/18 oz) y reserve.

3 Precaliente el horno a 180ºC (350ºF). Esparza las nueces sobre una charola de horno y tueste cerca de 10 minutos, hasta que aromaticen y se doren ligeramente. Coloque en un plato, deje enfriar y pique. Reserve.

4 Mezcle en un tazón la harina, bicarbonato, canela, jengibre, nuez moscada, sal y clavo.

5 Bata en un tazón grande con una cuchara de madera el azúcar, la mantequilla derretida, brandy, jugo de limón, vainilla y huevos. Añada el puré de pérsimo hasta incorporar, agregue las pasitas y las nueces. Añada los ingredientes secos, moviendo muy bien hasta integrar. Vacíe en el molde preparado y tape.

6 Coloque el molde en la rejilla dentro de la cacerola. Añada agua caliente hasta cubrir la mitad de los lados del molde. Tape la olla. Coloque sobre fuego medio y deje que hierva ligeramente ajustando el calor. Cocine por 2 horas, revisando ocasionalmente y añadiendo agua hirviendo cuando sea necesario para mantener el nivel del agua uniforme.

7 Retire el molde de la olla. Retire la tapa y deje que el pudín se enfríe en la rejilla aproximadamente 1½ hora, hasta que esté tibio. Voltee sobre un platón.

8 Al momento de servir, prepare la crema batida: En un tazón grande con un batidor o una batidora eléctrica, bata la crema hasta que se formen picos suaves. Añada azúcar y brandy al gusto y bata sólo hasta integrar.

9 Rebane el pudín caliente y acompañe cada rebanada con una cucharada de crema batida.

Sirva con un vino dulce de cosecha tardía como el Gewurztraminer o un jerez dulce.

875 g (1¾ lb) de pérsimos Hachiya muy maduros

⅔ taza (105 g/3½ oz) de nuez y la misma cantidad de pasitas (125 g/4 oz)

1⅔ taza (265 g/8½ oz) de harina de trigo (simple)

1 cucharada de bicarbonato de sodio

½ cucharadita de canela y la misma cantidad de jengibre en polvo

¼ cucharadita de nuez moscada recién molida y la misma cantidad de sal de mar

⅛ cucharadita de clavos molidos

1¼ taza (315 g/10 oz) de azúcar

½ taza (125 g/4 oz) de mantequilla, derretida

2½ cucharadas de brandy

1 cucharada de jugo de limón fresco

2 cucharaditas de extracto (esencia) de vainilla

3 huevos, ligeramente batidos

PARA LA CREMA BATIDA

2 tazas (500 ml/16 fl oz) de crema dulce para batir (double)

Azúcar y brandy al gusto

Rinde 16 porciones

NECTARINE FRANGIPANE TART
Tarta de Nectarina con Relleno de Almendras

A mediados de verano al norte de California, todas las frutas con semilla parecen madurar al mismo tiempo. Duraznos blancos, nectarinas doradas y brillantes y jugosas ciruelas de muchas variedades pueden competir para atraer la vista del comprador. Cuando la cosecha está en su punto culminante, hasta los más recalcitrantes cocineros del Área de la Bahía, sacan sus mandiles, quitan el polvo a sus libros de recetas y se ponen a trabajar. Esta tarta deliciosa, rellena de nectarinas y anidada con una crema de almendras, se puede hacer exitosamente con duraznos, higos o ciruelas. Frangipane es un relleno dulce de crema que siempre incluye almendra y algunas veces ron. Si su molde de tarta es negro, no plateado, reduzca la temperatura a 190°C (375°F).

PARA LA PASTA

1 taza (155 g/5 oz) de harina de trigo (simple) más la necesaria para espolvorear

1 cucharada de azúcar

1/4 cucharadita de sal de mar

½ taza (125 g/4 oz) de mantequilla fría, cortada en pedazos pequeños

1½ cucharada de agua con hielo

PARA EL RELLENO DE ALMENDRA

4 cucharadas (60 g/2 oz) de mantequilla, a temperatura ambiente

125 g (4 oz) de pasta de almendra

⅓ taza (60 g/2 oz) de harina de trigo (simple)

1 huevo

PARA EL RELLENO DE FRUTA

3 nectarinas (625 g/1¼ lb) en total, sin piel ni huesos y cortadas en rebanadas de 6 a 9 mm (¼-⅓ in) de grueso

1 cucharada de azúcar

1 cucharada de mantequilla, derretida

⅓ taza (90 g/3 oz) de mermelada de durazno o chabacano

Rinde para una tarta de 23 cm (9 in) u 8 porciones

1 Para preparar la pasta mezcle, en un procesador de alimentos, 1 taza de harina, azúcar y sal. Pulse 3 ó 4 veces hasta integrar. Añada la mantequilla y pulse hasta que la mezcla tenga la consistencia de migas gruesas. Rocíe el agua con hielo sobre la pasta y pulse hasta que la mezcla se empiece a agrupar. Tendrá migas, pero se mantendrá unida cuando se presione. Pase la pasta a una charola con plástico antiadherente y dele forma de un disco de 2 cm (¾ in) de grueso. Envuelva herméticamente con el plástico y refrigere por una hora.

2 Retire el disco de pasta del refrigerador y deje reposar a temperatura ambiente por 10 minutos para que se suavice. Desenvuelva el disco y coloque en una superficie de trabajo entre dos hojas de papel encerado para hornear, cada una de por lo menos 25 cm (10 in) cuadrados. Extienda la pasta a formar un círculo de un grueso uniforme lo suficientemente grande para cubrir el fondo y los lados de un molde de tarta de 23 cm (9 in) con fondo desmontable. Deberá tener aproximadamente 25 cm (10 in) de diámetro. Enharine la pasta ligeramente si fuera necesario para que no se pegue.

3 Quite la hoja de papel de la parte de arriba, invierta el círculo de pasta hacia el molde de tarta, levante el resto de papel y presione la pasta en el molde. Parche cualquier orificio con la pasta sobrante que cuelgue. Sin embargo, usted tendrá muy poco o ningún sobrante. Si hubiera pasta colgando, pase el rodillo sobre la orilla para desprenderla. Cubra con papel aluminio y congele 30 minutos.

4 Precaliente el horno a 200°C (400°F). Tape la costra de la tarta con papel aluminio, cubriendo la base y las orillas. Rellene con frijoles secos o pesas para pay, cubriendo el fondo uniformemente. Envuelva holgadamente la orilla con el papel aluminio para protegerla.

5 Hornee la pasta de la tarta por 20 minutos, retire con cuidado los frijoles y el papel aluminio. Con la ayuda de un tenedor, pique el fondo de la pasta por todos lados. Continúe horneando la pasta de 10 a 15 minutos más, hasta que esté ligeramente dorada toda la superficie. Pase a una rejilla y deje enfriar completamente. Mantenga el horno a 200°C.

6 Para preparar el relleno mezcle, en una batidora de pie adaptada con la pala o con una batidora de mano, la mantequilla, pasta de almendra y harina. Bata a una velocidad media-baja hasta que esté completamente tersa. Añada los huevos y bata a velocidad media hasta acremar.

7 Para hacer el relleno de fruta, mezcle en un tazón las nectarinas con el azúcar, cubriéndolas uniformemente.

8 Para armar la tarta, esparza el relleno uniformemente en la concha de la pasta horneada. Acomode las rebanadas de nectarina sobre el relleno, empezando por la orilla y colocando las rebanadas unidas formando un anillo. Rellene el centro del anillo con más rebanadas de nectarina. Quizás no necesite todas las rebanadas. Barnice las nectarinas con la mantequilla derretida. Coloque la tarta en una charola de horno y hornee de 30 a 35 minutos, hasta que la fruta se suavice y el relleno esté esponjoso y firme. Pase a una rejilla y deje enfriar por 15 minutos.

9 Justo antes de que la tarta se termine de enfriar, derrita la mermelada en una olla pequeña a fuego bajo, pase a través de un colador de malla mediana hacia un tazón. Diluya con agua hasta que adquiera la consistencia adecuada para barnizar. Barnice las rebanadas de nectarina. Sirva la tarta caliente.

Sirva con un rico vino de postre de cosecha tardía como el Riesling o el Sauvignon Blanc o un Sauterns Francés.

MEYER LEMON POTS DE CRÈME WITH RASPBERRY SAUCE

Tarros de Crema de Limón con Salsa de Frambuesa

Los chefs del Área de la Bahía son sumamente ingeniosos cuando se trata de darle sabor a los pots de creme, las natillas horneadas que se sirven en tarros pequeños. Algunos de los sabores que cambian en el menú de los pots de creme son: Jengibre, chocolate semi-amargo, dulce de leche (caramelo con base de leche, llamado cajeta en México) y espresso. Sin embargo, el de limón Meyer, el cítrico de agradable aroma que crece en los traspatios locales, es el más atractivo. Su éxito se debe a su consistencia aterciopelada. Para preparar los pots de creme aterciopelados, tendrá que poner mucha atención. Si se sobre cocinan, se harán sumamente firmes al enfriarse. Por lo tanto, asegúrese de que aún se muevan cuando los retire del horno.

1 Precaliente el horno a 150ºC (300ºF). En una olla pequeña, no reactiva, sobre fuego medio-bajo, mezcle la crema, leche, azúcar granulada, sal y ralladura de limón y hierva a fuego lento. En un tazón, bata las yemas de huevo hasta integrar. Añada gradualmente la mezcla de crema caliente sobre las yemas, batiendo constantemente. Pase a través de un colador de malla fina hacia una jarra medidora y presione la ralladura con una espátula de hule para extraer su sabor.

2 Coloque 6 flaneras o tarros refractarios de ¾ de taza (180 ml/6 fl oz) en un refractario lo suficientemente grande para contenerlas sin que se toquen. Divida la natilla uniformemente entre los tarros. Con cuidado vierta agua caliente en el refractario hasta cubrir la mitad de los lados de los tarros. Cubra el refractario con papel aluminio. Hornee las natillas de 35 a 37 minutos, hasta que casi estén listas. Sus centros deberán moverse ligeramente; cuajarán cuando se enfríen.

3 Retire los tarros del baño María y deje enfriar completamente en una rejilla; tape y refrigere cerca de 8 horas, hasta enfriar por completo.

4 Para preparar la salsa, mezcle en un procesador de alimentos las frambuesas con el azúcar y procese hasta que esté tersa. Pase a través de un colador de malla fina hacia un tazón, presionando con firmeza los sólidos con una espátula de hule. Tape y refrigere por 4 horas, hasta enfriar.

5 Aproximadamente 30 minutos antes de servir, retire los *pots de crème* del refrigerador. Acompañe con la salsa de frambuesa.

Sirva con un vino para postre de cosecha tardía como el Moscatel.

1½ taza (375 ml/12 fl oz) de crema dulce para batir (double)

1 taza (250 ml/8 fl oz) de leche

⅓ taza (90 g/3 oz) de azúcar granulada

1 pizca de sal de mar

3 cucharadas de ralladura de limón Meyer (aproximadamente 4 limones grandes)

8 yemas de huevo

PARA LA SALSA

¾ taza (90 g/3 oz) de frambuesas

2 cucharaditas de azúcar molida muy fina (caster)

Rinde 6 porciones

Limones Meyer

Más aromáticos, dulces y jugosos que sus familiares los limones Eureka y Lisbon, los limones Meyer son los preferidos del Área de la Bahía. Siendo la cruza entre el limón y la mandarina o la naranja, los Meyer se vuelven dorados al madurar. Su pulpa es de color amarillo dorado con un perfume floral.

Durante muchos años, los limones Meyer fueron principalmente una fruta de los patios traseros del Área de la Bahía. Pero en los años ochenta, la chef de pastelería del restaurante Chez Panisse, Lindsey Shere, empezó a trabajar con este aromático cítrico y se corrió la voz de sus exquisitos postres de limón en tartas, helados y natillas por lo que su uso empezó a expandirse. Para satisfacer la creciente demanda, numerosos agricultores establecidos de California, comenzaron a plantar comercialmente los limones Meyer. Hoy en día, los Meyer son relativamente abundantes en los mercados especializados en alimentos durante el invierno e incluso han proliferado en los paisajes caseros.

Los cocineros del Área de la Bahía usan el jugo del limón Meyer en aderezos de ensalada, limonada, cocteles y postres. La ralladura fresca añade aroma a los muffins y pasteles. Una destilería local hace un vodka muy popular y cuando menos un productor de aceite de oliva en el Área de la Bahía machaca aceitunas con limones Meyer para hacer un aromático aceite que se usa como condimento.

SOFT-CENTERED CHOCOLATE CAKE WITH ESPRESSO ICE CREAM

Pastel de Chocolate con Centro Suave y Helado de Espresso

Los pasteles de chocolate con centro suave son muy populares a través de todo Estados Unidos, pero San Francisco puede jactarse de preparar este postre con su propio chocolate local, ya sea Ghirardelli, Guittard o Scharffen Berger. Tenga cuidado de no sobre hornear estos pastelitos individuales y de servirlos rápidamente porque si no lo hace, perderán su característico centro húmedo. Ya que no todos los hornos hornean uniformemente, usted deberá probar su horno para saber cuánto tiempo toma el horneado para lograr pasteles perfectos. El helado de espresso hecho en casa es un acompañamiento sensacional, pero usted podrá sustituirlo por uno comprado en alguna tienda o de algún otro sabor como el de vainilla o el de pistache.

PARA EL HELADO

1 taza (250 ml/8 fl oz) de crema dulce para batir (double)

1 taza (250 ml/8 fl oz) de media crema o half and half (½ taza de leche evaporada mezclada con ½ taza de leche)

1 cucharada de café en polvo espresso instantáneo

¼ raja de vainilla, partida a la mitad a lo largo

4 yemas de huevo

½ taza (125 g/4 oz) de azúcar

PARA EL PASTEL

⅔ taza (155 g/5 oz) de mantequilla

155 g (5 oz) de chocolate semi-amargo de muy buena calidad, en trozos

2 huevos, más 1 clara de huevo

¾ taza (185 g/6 oz) de azúcar

½ taza (60 g/2 oz) de harina de trigo (simple), cernida

Rinde 4 porciones

1 Para preparar el helado mezcle, en una olla, la crema con la media crema y el espresso. Con la punta de un cuchillo raspe las semillas de la raja de vainilla, sobre la leche; posteriormente, añada la raja. Bata hasta mezclar. Coloque sobre fuego medio-bajo, deje hervir a fuego lento, tape, retire del fuego y deje remojar 15 minutos.

2 En un tazón, bata las yemas con el azúcar, hasta lograr una mezcla amarilla pálida y se forme un listón al levantar el batidor. Esto tomará cerca de 3 minutos. Batiendo, añada gradualmente la mezcla de la crema tibia (incluyendo la raja de vainilla). Vuelva a poner la mezcla en la olla y cocine sobre fuego medio-bajo, moviendo con una cuchara de madera constantemente, hasta que la mezcla se vea espesa y cubra la cuchara. (Debe registrar 81°C/178°F en un termómetro de lectura instantánea). No permita que hierva o se cuajará.

3 Retire la natilla del fuego inmediatamente y mueva durante 1 minuto. Pase a través de un colador de malla fina hacia un tazón. Deje enfriar la natilla, tape y refrigere aproximadamente 8 horas o por toda la noche, hasta que esté muy fría. Congele en una máquina para preparar helado de acuerdo a las

instrucciones del fabricante. Pase a un recipiente hermético y coloque en el congelador.

4 Para preparar el pastel, precaliente el horno a 180°C (350°F). Engrase con mantequilla el fondo y los lados de 4 ramekins (flaneras) con capacidad de 1 taza (250 ml/8 fl oz). Enharine y golpee para retirar el exceso.

5 En una olla pequeña sobre fuego medio-bajo, derrita la mantequilla. Retire del fuego y añada el chocolate. Deje reposar hasta que el chocolate se suavice y mezcle hasta obtener una mezcla tersa.

6 En un tazón, bata los huevos enteros junto con la clara de huevo y el azúcar, hasta integrar por completo. Añada la mezcla de chocolate e incorpore. Integre la harina con movimiento envolvente. Divida entre los ramekins preparados y coloque sobre una charola de horno.

7 Hornee los pasteles de 26 a 28 minutos, hasta que esponjen y su superficie se cuartee. Retire del horno y, trabajando con un pastel a la vez, invierta en un plato de postre. Gire hacia arriba y deje enfriar por aproximadamente 3 minutos. Sirva junto con el helado.

GLOSARIO

ACEITE DE AJONJOLÍ ASIÁTICO Un aceite aromático de color ámbar profundo, hecho al extraer aceite de semillas de ajonjolí asadas. Usado principalmente en Japón, Corea y China, en donde se emplea como sazonador más que como aceite para cocinar.

ACEITE DE OLIVA Vea la página 151.

ACEITUNAS, PICHOLINE Y NIÇOISE Las aceitunas picholine, que crecen al sur de Francia son frutas regordetas, puntiagudas, firmes y de color verde. Tienen un sabor suave. Las aceitunas niçoise, también del sur de Francia, son pequeñas, carnosas y de color negro y tienen un sabor fuerte.

ALBAHACA, ITALIANA O TAI Aunque es de la misma familia que la menta, la albahaca sabe a anís y clavo. La albahaca italiana o albahaca dulce, tiene hojas fuertes de color verde oscuro con muescas, mientras que la albahaca tai, una variedad tropical de la albahaca dulce, tiene hojas pequeñas, tallos y flores de color morado y un sabor más pronunciado a anís.

ALCACHOFA El botón de la flor de una planta de la familia de los cardos, la alcachofa, viene en dos tamaños, grande y pequeño. Las alcachofas pequeñas no son especimenes en miniatura, sino botones más pequeños que crecen cerca de la base de la planta. Una verdura favorita de los italo-americanos de San Francisco, esta verdura espinosa se cultiva en los campos costeros del sur de San Francisco. Su mejor temporada es a principios de la primavera, seguida por una segunda temporada, más corta, a fines del otoño.

ALCAPARRAS Los pequeños botones cerrados de la flor de un arbusto del Mediterráneo, las alcaparras se secan y se empacan en salmuera o sal. Las alcaparras en salmuera se venden en tarros; las alcaparras en sal se venden en manojos o en tarros en los mercados especializados en alimentos. Siempre enjuague éstas últimas antes de usarlas.

ANCHOAS Este pequeño pescado se encuentra más fácilmente en conserva, ya sea en filetes en aceite o pescados enteros empacados en sal. Éstos deben ser fileteados y enjuagados antes de usarse.

ARÚGULA También conocida como rocket, esta hortaliza apimentada tiene hojas con forma de espada llena de muescas y de 5 a 7.5 cm (2–3 in) de largo. Se vende en manojos pequeños u hojas sueltas pre-lavadas. Agrega un sabor a especia a las

ensaladas, se puede cocinar para hacer salsas para pasta o se puede poner sobre las pizzas.

AZAFRÁN Los estigmas de un croco del Mediterráneo, el azafrán, es fuerte y natural, con un sabor ligeramente a medicina. Se considera la especia más cara del mundo. El azafrán se presenta en dos formas, hilos o polvo. Los hilos son usados más a menudo y por lo general se remojan en una pequeña cantidad de líquido caliente, impartiendo su característico color amarillo oscuro al líquido de remojo, antes de agregarlo a cualquier platillo.

BETABEL También llamado raíz de betabel, los betabeles por lo general son de color rojo oscuro, pero en los mercados de granjeros y en las tiendas de alimentos bien surtidas se pueden encontrar variedades doradas, rosas y blancas, así como los betabeles Chioggia con rayas blancas y rosas. Aunque se pueden conseguir durante todo el año, los betabeles están en su mejor temporada a finales del verano y otoño y pueden ser tan pequeños como un limón o tan grandes como una naranja pequeña. Para asegurar su frescura, compre betabeles con hojas, las cuales no deben mostrar ningún rastro de color café y tener las raíces intactas de 2.5 a 5 cm (1–2 in). Ya en casa, corte las hojas y almacene los betabeles y hojas por separado.

BAYA DE ENEBRO El pequeño fruto en baya de color negro azulado del arbusto del enebro, indispensable en la fabricación de la ginebra, proporciona un sabor fuerte y semi amargo a las marinadas y otro tipo de preparaciones. Se vende ampliamente en la sección de especias de los mercados y en tiendas especializadas en alimentos.

BROCOLI RABÉ También conocido como brócoli raab, *cime di rapa* y rapini, este miembro agradablemente amargo de la familia de las coles tiene tallos largos y delgados que terminan en flor. Las hojas son delgadas y con orillas dentadas. Búsquelo en invierno.

CAMARONES Variando en tamaño desde los diminutos hasta los extra grandes, los camarones (langostinos) son mariscos de agua salada que son grises cuando están crudos y rosas cuando se cuecen. Se pueden cocer con o sin su piel y se pueden desvenar antes o después del cocimiento.

RETIRANDO LA PIEL DE LOS CAMARONES: Si la cabeza está intacta, jálela. Cuidadosamente jale las patas de la curva interior del cuerpo y retire la piel, quitando también la cola, a menos de que la receta lo

especifique de otra forma.

DESVENANDO CAMARONES: Con un cuchillo pequeño, haga un corte poco profundo a lo largo del dorso de un camarón sin piel. Con la punta del cuchillo, levante suavemente el intestino oscuro.

CASTAÑAS DE AGUA Las castañas de agua frescas, bellotas del tamaño de una nuez, de color café oscuro, crecen en estanques, arroyos y ríos. Su pulpa blanca es dulce, ligeramente feculosa y crujiente. Busque castañas de agua frescas en los mercados asiáticos, enjuague bien y retire su piel antes de usarlas. Enjuague las castañas sin piel enlatadas antes de usarlas, éstas son más fáciles de conseguir.

CILANTRO Las hojas verdes, con finas muescas de esta hierba fuerte se parecen al perejil liso italiano. También conocido como cilantro fresco, el cilantro se usa en las cocinas de Latinoamérica, Medio Oriente y Asia.

CREMA Una crema mexicana espesa, rica, y ligeramente agria hecha en casa o comprada en tiendas de abarrotes. La crème fraîche (vea abajo) hecha en casa, o la crème fraîche comercial o crema agria diluida ligeramente con leche pueden sustituirla.

CHILES Las considerables poblaciones latina y asiática del Área de la Bahía han colocado los chiles secos y frescos en la mayoría de los mercados de alimentos locales. Para evitar quemaduras, use guantes de hule cuando trabaje con chiles picantes y evite tocarse los ojos, boca u otras áreas sensibles. Lave sus manos y utensilios de cocina con agua caliente y jabonosa rápidamente después de terminar.

CHIPOTLE Jalapeños ahumados y secos, los chipotles son moderadamente picantes y tienen un sabor ahumado. Por lo general se venden enlatados en salsa de adobo, una mezcla de ajo, jitomates y vinagre.

SERRANO Un chile delgado, de color rojo o verde brillante, de aproximadamente 7.5 cm (3 in) de largo y muy picante.

POBLANO Estos chiles negro verdosos, de forma triangular, miden aproximadamente 13 cm (5 in) de largo y son moderadamente picantes.

TAI Chiles frescos pequeños, delgados, muy picantes de color verde o rojos, por lo general de 2.5 cm (1 in) de largo. También conocidos como chiles pájaro.

CHORIZO, MEXICANO Este embutido de puerco fresco, que se vende en tiras, es típicamente más especiado que su pariente español ahumado. Los chorizos mexicanos se venden en el refrigerador de los mercados latinos y muchos supermercados.

EJOTE LARGO, CHINO Vea la página 62.

ESCAROLA Las hojas duras, ligeramente rizadas y amargas de esta leguminosa de la familia de las chicorias se usan tanto crudas como cocidas. Las hojas del centro de la cabeza por lo general son de color amarillo claro, mientras que las exteriores son verde brillante. La escarola se puede encontrar durante todo el año, pero es mejor en el invierno.

FOCACCIA Vea la página 39.

FRIJOLES CANNELLINI Frijoles secos y blancos con forma de riñón usados en los platillos italianos. Se pueden sustituir con frijoles Great Northern.

FRISÉE Miembro de hoja rizada de la familia de las chicorias, la frisée viene en cabezas pequeñas con hojas onduladas color amarillo marfil en su interior rodeadas por hojas más grandes de color verde claro. Son preciadas en ensaladas por su textura crujiente y sabor ligeramente amargo. Se puede encontrar durante todo el año pero está en su mejor temporada en primavera y otoño.

GALANGAL Similar en apariencia a su pariente, el jengibre, el galangal es un rizoma rayado color amarillo claro con puntos rosados. Su sabor a pimienta es preciado en muchos platillos del sur de Asia, especialmente en Tailandia e Indonesia. El galangal fresco se puede encontrar en los mercados del sur de Asia y algunas tiendas de productos alimenticios.

HABAS También llamadas frijoles anchos o frijoles fava, esta leguminosa en vaina se puede encontrar fresca en primavera y principios del verano. Una vez desvainada, a las semillas se les puede retirar su piel a menos de que estén demasiado jóvenes y tiernas. Para pelarlas, blanquee las habas ligeramente en agua hirviendo, sumerja en agua con hielo, pique las semillas y retire la piel.

HINOJO También conocido como hinojo dulce o finocchio, el bulbo, tallo y frondas del hinojo tienen un sabor dulce a anís y se puede comer crudo o cocido. Elija bulbos gruesos, redondos, de color blanco o verde claro, que estén suaves y apretados y que no tengan grietas o manchas. Evite aquellos que tengan hojas arrugadas o capas secas. El hinojo se puede encontrar durante todo el año pero está en su mejor momento desde fines de otoño hasta todo el invierno.

HOJAS DE LIMA KAFFIR También llamadas lima makrut; vea la página 62.

HONGOS PORCINI También conocidos como setas u hongos comestibles, los porcini son hongos regordetes y firmes con un sabor rico y natural. Los porcini frescos se pueden encontrar en el invierno en algunos mercados de productos gourmet. Los porcini secos, de sabor intenso, se pueden encontrar durante todo el año; para usarlos, remójelos en agua caliente aproximadamente por 30 minutos para rehidratarlos.

HUEVOS DE SALMÓN Los lustrosos huevos color rojo anaranjado brillante, son cotizados por su color, sabor salado y textura ligeramente crujiente. Los huevos de salmón se pueden encontrar frescos, pasteurizados o congelados y deben comerse rápidamente después de abrirlos o descongelarlos.

JITOMATE Los jitomates por lo general se pueden encontrar en tres variedades, bola, guaje y cereza. Los jitomates bola medianos o grandes son excelentes para rebanar, mientras que los guajes, o Roma, tienen más pulpa y menos jugo, haciéndolos perfectos para las salsas. Los jitomates cereza se pueden encontrar en diferentes colores y formas. Para información sobre los jitomates heirloom, vea la página 117.

RETIRANDO LA PIEL Y SEMILLAS DE LOS JITOMATES: Corte una X poco profunda en el punto de floración del jitomate. Sumérjalo en una sartén con agua hirviendo cerca de 30 segundos, hasta que la piel empiece a rizarse en la zona de la X. Pase a un tazón de agua con hielo para enfriar y retire la piel. Para quitar las semillas, parta a la mitad a lo ancho y presione cada mitad suavemente dejando caer las semillas.

LENTEJAS Pequeñas leguminosas secas de forma de disco, con sabor suave y de rápido cocimiento. Las lentejas vienen en diferentes colores, desde el amarillo y rojo, hasta el café, verde y negro. Los chefs del Área de la Bahía prefieren particularmente las pequeñas lentejas francesas de color verde, llamadas lentilles de Puy.

LICOR DE ANÍS Un licor destilado con fuerte sabor hecho de semillas verdes de anís, el licor de anís se produce bajo diferentes nombres en varios países, incluyendo el Pernod en Francia, el anesone y el sambuca en Italia, el raki en Turquía y el ouzo en Grecia. El pastis francés es un licor similar hecho de regaliz en vez de anís.

LIMÓN MEYER Vea la página 181.

MASCARPONE Un rico producto italiano lácteo, de pulpa suave, hecho de crema. El mascarpone se vende en recipientes de plástico en la sección de quesos de los mercados italianos y tiendas especializadas en alimentos finos. Se usa tanto en platillos sazonados como en los dulces.

MEJILLONES Estos moluscos de agua salada tienen conchas ligeramente puntiagudas y carne de color crema o naranja que por lo general es más dulce que la de los ostiones o almejas. La mayoría de los mejillones que se encuentran comercialmente son cultivados. El azul del Atlántico, o mejillón común, que en realidad es negro, mide de 5 a 7.5 cm (2–3 in) de largo. Compre únicamente mejillones vivos, que tienen un fresco aroma a mar y que se cerrarán al tacto. Almacene en un tazón cubierto por una toalla de cocina húmeda, dentro del refrigerador, hasta por 24 horas.

TALLANDO Y RETIRANDO LAS BARBAS DE LOS MEJILLONES: Talle la tierra de las conchas con un cepillo de cerdas duras. Justo antes de cocinarlos, retire la barba (el manojo de fibras que usa el mejillón para adherirse a las rocas o pilotes) cortándolas y raspando con un cuchillo o unas tijeras. (Muchos mejillones cultivados hoy en día tienen poca barba o no la tienen). Los mejillones vivos se abrirán al cocinarlos. Deseche aquellos que permanezcan cerrados.

NARANJA SANGRÍA (BLOOD) Estas frutas son originarias de Sicilia. Su pulpa característica va desde el rojo claro hasta el rojo oscuro y tienen un sabor parecido a las moras. Debido a su versatilidad, las naranjas sangría son una fruta favorita del invierno para los chefs del Área de la Bahía.

OLLALIEBERRY Híbrido gordo y jugoso de la zarzamora que se cultiva en California, las ollallieberries no se encuentran fácilmente fuera de ese estado. Se pueden encontrar principalmente en los mercados de granjeros o en las granjas de auto servicio.

ORECCHIETTE El nombre de esta pasta pequeña y circular, con un centro hueco, se traduce como "orejitas". La orecchiette se encuentra más fácilmente seca y a menudo se combina con brócoli rabé o salsa de jitomate.

PANCETTA Un tocino italiano especiado y curado, pero no ahumado. El nombre de la pancetta se deriva del vocablo italiano para "panza". Se hace al frotar un trozo de panza de puerco con una mezcla de especias, enrollándolo en un cilindro tenso y curándolo por lo menos durante 2 meses. Tiene una textura húmeda y sedosa y por lo general se vende 0en rebanadas delgadas en las carnicerías y salchichonerías italianas.

PASTA DE ALMENDRA Una mezcla de almendras blanqueadas y molidas con azúcar y glucosa líquida, usada para hacer dulces, pasteles y otros postres. Búsquela en cilindros de plástico en la sección de pastelería de los supermercados; debe sentirse maleable al tacto.

PASTA DE CHILE ASADA ESTILO TAI Mezcla de chiles rojos secos, ajo y chalotes, asados para resaltar su sabor, con aceite para hacer este fiero condimento, conocido como nahm prik pao en tai. Usado para sazonar sofritos, sopas y platillos de arroz frito, se vende en tarros en los mercados de productos asiáticos.

PÉRSIMO, HACHIYA La variedad más grande de los dos tipos de pérsimos que se pueden encontrar en los mercados de alimentos (el otro es el Fuyu), el pérsimo Hachiya, de color naranja oscuro, tiene la forma de una bellota. Se come cuando está maduro y muy suave al tacto; de lo contrario, es extremadamente astringente. Deje madurar los frutos firmes a temperatura ambiente. Los frutos maduros se pueden refrigerar hasta por 3 días. Para prepararlos, retire el tallo, parta a la mitad y quite todas las semillas negras. Posteriormente, separe la pulpa de la piel con ayuda de una cuchara.

POLENTA La polenta es harina de maíz cocida en una generosa cantidad de líquido hasta que espese y sus granos estén suaves. En Italia, la polenta puede ser amarilla o blanca, molida gruesa o fina, pero la versión clásica se hace de maíz amarillo molido grueso.

POLVO DE CINCO ESPECIAS Usado principalmente en las cocinas del sur de China y Vietnam, esta mezcla para sazonar, no siempre hecha de cinco especias, típicamente incluye anís estrella, cassia (un tipo de canela), hinojo, clavos, granos de pimienta Sichuan y algunas veces jengibre y/o cardamomo.

QUESO PARMIGIANO-REGGIANO Un queso añejado, con un sabor picante y ligeramente salado, el auténtico Parmigiano-Reggiano se produce en la región de Emilia-Romagna bajo normas muy estrictas. Se hace en ruedas enormes de color dorado brillante que, cuando se parten, muestran su interior granulado de color amarillo. El Parmigiano-Reggiano se usa como un queso fino para gratinar pero también se puede usar como un excelente queso de mesa.

QUESO TELEME Vea la página 68.

RADICCHIO Una variedad de chicoria nativa de Italia, el radicchio se puede comer cocido o crudo. Las variedades más comunes que crecen en los Estados Unidos, son el Verona redondo y el Treviso alargado. Las hojas rojo púrpura jaspeadas son duras y ligeramente amargas.

RICOTTA Vea la página 68.

RICOTTA SALATA Un queso italiano suave, blanco y ligeramente salado, de leche de borrego, añejado durante 3 meses. Parecido al mizithra griego, se puede partir en láminas o rallar.

SAL, DE MAR Y KOSHER La sal de mar evaporada de forma natural se puede encontrar en granos gruesos o finos. La sal de mar tiene más sabor que la sal de mesa, gracias a su contenido mineral y a menudo es la preferida por los chefs. La sal kosher por lo general no contiene aditivos, tiene grandes hojuelas y un sabor superior al de la sal de mesa.

SALSA DE PESCADO Hecho al apilar anchoas u otro pescado pequeño con sal en barricas o frascos y dejándolos fermentar. Este líquido color ámbar oscuro agrega su sabor fuerte y salado a muchos platillos del sur de Asia. Las salsas de pescado nam pla tai y la nuoc mam vietnamita son las más comunes.

SEMOLINA Esta harina dorada y ligeramente arenosa, resulta de moler el trigo duro de alta proteína. La semolina se usa para hacer la pasta seca de la mejor calidad y algunas masas de pizza y pan. Busque la semolina en los mercados de productos italianos.

TOMATILLO Parecido a un pequeño tomate verde, este miembro de la familia de la grosella tiene un sabor cítrico y una consistencia firme, se usa en salsas crudas y cocidas y en los guisos. Los tomatillos frescos se pueden encontrar en los mercados latinos y algunos mercados especializados en productos alimenticios durante todo el año, pero están en su mejor temporada a finales de otoño. Retire la cáscara apapelada y enjuague la cubierta pegajosa natural antes de usarlos.

VAINILLA La vainilla se puede encontrar en vainas enteras o como extracto (esencia) embotellada. Si usa extracto, busque un producto etiquetado "extracto puro de vainilla". Elija vainas flexibles y húmedas con un "botón" blanco. Si una receta pide semillas, parta la vaina a la mitad a lo largo con un cuchillo mondador. Posteriormente, usando la punta del cuchillo, raspe las semillas del interior de cada mitad de vaina. Algunas recetas también piden que agregue las mitades de vaina.

VINAGRE BALSÁMICO El célebre vinagre de Modena, en Emilia-Romagna, se hace al añejar mosto puro de vino (jugo de uva sin fermentar) en barricas de madera desde 1 año hasta más de 75 años. Los vinagres más jóvenes se usan para hacer aderezos de ensaladas y glaseados, mientras que los añejados durante más tiempo son más costosos, más amielados y se usan en pequeñas cantidades por su intenso sabor.

FUENTES DE INGREDIENTES

COWGIRL CREAMERY
Quesos de la localidad incluyendo el Red Hawk de la Cowgirl Creamery y Mt. Tam, el queso azul original de Point Reyes y el Matos St. George.

(415) 663-9335

www.cowgirlcreamery.com

ENZO´S MEAT AND POULTRY
Carnes y aves de la mejor calidad.

(510) 547-5839

www.rockridgemarkethall.com

enzos@rockridgemarkethall.com

MONTEREY FISH MARKET
MONTEREY FISH MARKET
Pescados y mariscos frescos.

(510) 525-5600; (510) 525-5664 (fax)

www.webseafood.com

NIMAN RANCH
Carne de res, puerco y cordero local de la mejor calidad.

(510) 808-0340

www.nimanranch.com

PHIPPS RANCH
Semillas exóticas secas y heirloom de la localidad, incluyendo semillas *gigandes* y miel de abeja, jaleas y hierbas y especias.

(650) 879-0787

www.phippscountry.com

WILLIAMS-SONOMA
Utensilios de cocina, aceites de oliva de California y otros artículos especializados en cocina.

(877) 812-6235

www.williams-sonoma.com

WINE.COM
Una selección de vinos del norte de California.

(877) 289-6886

www.wine.com

ÍNDICE

AGRADECIMIENTOS

Janet Fletcher agradece la gran y concienzuda ayuda de Wendy Waldens al probar las recetas y agradece a Hannah Rahill, Kim Goodfriend y Heather Belt de Weldon Owen por ser siempre tan serviciales y pacientes y por haberla invitado a participar en este proyecto tan gratificante.

Jean-Blaise Hall agradece a sus asistentes de fotografía Brooke Buchanan y Adam Aronson, Stuart y Jacqueline Schwarts por su gran hospitalidad y a Brite Walter.

Weldon Owen desea agradecer a las siguientes personas y organizaciones por su amable ayuda Desne Ahlers, Dan Becker, Ken DellaPenta, Signe Jensen, Karen Kemp, Joan Olson, Scott Panton, Eric Ryan, Sharon Silva y Karin Skaggs.

Weldon Owen también quisiera extender su agradecimiento a los dueños y empleados de restaurantes, panaderías, tiendas y otros negocios culinarios de San Francisco y el Área de la Bahía que participaron en este proyecto: Absinthe Brasserie and Bar, Steve Sullivan de la Compañía Acme Bread, Johnny Alamilla de Alma, Debbie Zachareas de Bacar, Bar-Or Ranch, Michael Wild de Bay Wolf, Beach Chalet, Boudin Bakery, Bryan's Market, Café Fanny, Café La Haye, Caffe Roma, Caffe Trieste, Cheese Board, Chimney Rock Winery, CIA Greystone, Citizen Cake, Christopher Rossi de Citron, Cowgirl Creamery, Restaurante Delfina, Domaine Carneros, Fog City Diner, French Laundry, Ghirandelly Chocolate Shop and Caffe, Gordon's, Graffeo Coffee Roasting Company, Jeff Dodge de La Farine Bakery, La Palma Mexicatessen, La Taquería, Mario's Bohemian Cigar Store and Café, Molinari Deli, Monterey Fish, Mustards, North Berkeley Imports, Pasta Shop, Real Foods, Roosevelt Tamale Parlor, San Francisco Brewing Company, Scharffen Berger, Schramsberg, SF Alemany Farmers' Market, SF Civic Center Farmers' Market, SF Ferry Plaza Farmers' Market, Swan Oyster Depot, Mary Risley de la escuela de cocina Tante Marie, Tartine Bakery, Toronado Bar, Tosca, Vella Cheese Company, Ver Brugge Meats, Yank Sing y Judy Rodgers de Zuni.

CRÉDITOS FOTOGRÁFICOS

Jean-Blaise Hall: todas las fotografías, con excepción de las siguientes
Quentin Bacon: Páginas 78, 80-81
Lauren Burke: Páginas 11 (superior derecha), 12 (superior izquierda), 13 (centro), 14 (centro), 19 (superior derecha), 21, 28 (centro), 36-37, 51 (superior derecha), 71 (superior derecha, inferior derecha, inferior derecha centro), 84, 90, 121 (superior derecha, inferior izquierda), 129, 135, 140, 152, 156, 161, 162, 167 (superior derecha), 173
Shery Giblin: Páginas 38-39, 42-43, 46-47, 52-53, 58-59, 62-63, 68-69
Jeremy Woodhouse: Portada (fotografía superior)

LOCACIONES FOTOGRÁFICAS

Las siguientes locaciones de San Francisco y el Área de la Bahía se han marcado en el mapa de las páginas 30 y 31.

PÁGINA   UBICACIÓN (COORDENADAS DEL MAPA)

2   SF Ferry Plaza Farmer's Market (M3)
4   Fisherman's Wharf (L1)
8   Caffé Greco, North Beach (L2)
10   Barrrio chino de SF (L3)
11   Frescati, Fussian Hill (K2)
12   (superior izquierda) Chez Panissse, Berkeley (B2)
16   Zuni Café, Market Street (K5)
18   Zuni Café, Market Street (K5)
19   (superior derecha) Grove Café, Filmore Street (J3)
21   Hyde St. Seafood House, Russian Hill (K2)
22   SF Civic Center Farmers' Market (K4)
25   SF Ferry Plaza Farmers' Market (M3)
26   Italian Bakery, North Beach (L2)
28   (derecha) Bay Bread, Filmore Street (J3)
29   (inferior derecha) Monterey Fish Market, Berkeley (B2)
35   (inferior) Acme Bakery, Berkeley (B2)
41   (superior) Café Trieste, North Beach (L2)
49   (superior) Lagar Schramsberg, Calistoga (B1)
65   (superior e inferior izquierda) Cheese Board, Berkeley (B2)
66   (izquierda) Cowgirl Creamery, Pt. Reyes Station (A2
71   (superior e inferior centro) Joseph Schmidt Confections, Castro (J6)
76   (inferior izquierda) Vista de SF desde North Beach (L2); (inferior derecha) Mural, North Beach (L2)
77   (superior derecha) Roosevelt Tamale Parlor, Mission (L7)
87   Lagar Schramsberg, Calistoga (B1)
90   La Taquería, Mission (K7)
101   SF Ferry Plaza Farmers' Market (M3)
102   Women's Building, Mission (K6)
108   Zuni Café, Market St. (K5)
115   Restaurante Delfina, Mission (K6)
120   (superior izquierda) Restaurante Bacar, SOMA (M5); (superior derecha) Restaurante The Steps of Rome, North Beach (L2)
121   (superior derecha) Hayes St., Hayes Valley (J/K5); (inferior) Roxie Theater, Mission (K6)
127   Fog City Diner (M2)
129   Mary Risley de la escuela de cocina Tante Marie (L2)
135   Market Hall, Oakland (B2)
140   Barrio chino de SF (L3)
144   Molinari Delicatessen, North Beach (L2
148   (superior izquierda) Edificio Coppola, North Beach (L2); (inferior derecha) Ocean Beach (C5, 6, 7)
149   (superior izquierda) Catedral Grace (K3)
156   Barrio chino de SF
159   Gordon's, Yountville (B1)
162   Restaurante Luna Park, Mission (K6)
166   (superior derecha) Trattoria Volare Café, North Beach (L2), (inferior derecha) Baker Beach (F1, 2)
167   (superior derecha) Plaza Ghirandelly (K1)
169   Toy Boat Dessert Café, Clement St. (G4)
174   Absinthe Brasserie & Bar, Hayes Valley (K5)

DEGUSTIS

Es un sello editorial de

Advanced Marketing, S. de R.L. de C.V.

Aztecas 33, Col. Sta. Cruz Acatlán, C.P. 53150 Naucalpan, Estado de México

WILLIAMS-SONOMA

Fundador y Vicepresidente: Chuck Williams

WELDON OWEN INC.

Presidente Ejecutivo: John Owen; Presidente Jefe de Operaciones: Terry Newell; Director; Richard Van Oosterhout; Vicepresidente, Ventas Internacionales: Stuart Laurence; Director de Creatividad: Gaye Allen; Publicista: Hannah Rally; Editor de Serie: Kim Goodfriend; Editor Asociado: Heather Belt; Asistente de Producción: Jili Vendzules; Director de Creatividad Asociado: Leslie Harrington; Director de Arte: Nicky Colling; Diseñadores: Teri Gardiner, MarisaKwek; Ilustrador de Mapas: Scott Panton; Investigador de Fotos: Liz Lazich; Gerente de Color: Teri Bell; Gerente de Producción: Chris Hemesath; Coordinación de Envíos y Producción: Todd Rechner; Estilista de Alimentos: George Dolese; Estilista de Props: Sara Slavin; Estilista de Alimentos Asociado: Elisabet der Nederlanden; Asistente de Fotografía: Brooke Buchanan, Adam Aronson; Supervisión de la Edición en Español: Marilú Cortés García

Título Original: San Francisco   Traducción: Laura Cordera L, Concepción O. De Jourdain

París de la Colección Cocina del Mundo de Williams-Sonoma fue concebido y producido por Weldon Owen Inc., en colaboración con Williams-Sonoma.

Una Producción Weldon Owen Derechos registrados © 2004 por Weldon Owen Inc, y Williams-Sonoma Inc.

Derechos registrados © 2005 para la versión en español: Advanced Marketing, S. de R.L. de C.V.

Aztecas 33, Col. Sta. Cruz Acatlán, C.P. 53150 Naucalpan, Estado de México

ISBN 970-718-274-1

1 2 3 4 5   05 06 07 08 09

Impreso en Singapur / Printed in Singapore

UNA NOTA SOBRE PESOS Y MEDIDAS

Todas las recetas incluyen medidas acostumbradas en Estados Unidos y medidas del sistema métrico. Las conversiones métricas se basan en normas desarrolladas para estos libros y han sido aproximadas. El peso real puede variar.